宗　诚　著

高等职业教育校企合作质量评价研究

清华大学出版社
北京

内 容 简 介

本书围绕我国职业教育校企合作质量有待提升这一现实问题展开研究，在利益相关者理论的基础上，探索提升校企合作质量的有效路径，旨在通过访企拓岗促就业专项行动，全力促进高等职业院校毕业生更加充分、更高质量的就业。

本书既可以作为职业教育学研究的参考用书，用于职业教育评价改革及教育信息化管理等方面的学术研究、人才培养及理论拓展；也可以为相关部门决策提供支撑服务，为各级政府解决现实难题提供参考；还可以为相关产业发展提供指导性建议，进而提高产业需求与教育供给之间的匹配程度。

图书在版编目（CIP）数据

高等职业教育校企合作质量评价研究 / 宗诚著 . —北京：清华大学出版社，2023.4
ISBN 978-7-302-63418-8

Ⅰ. ①高… Ⅱ. ①宗… Ⅲ. ①高等职业教育 – 产学合作 – 研究 – 中国 Ⅳ. ① G718.5

中国国家版本馆 CIP 数据核字（2023）第 071133 号

责任编辑：郭丽娜
封面设计：傅瑞学
责任校对：刘　静
责任印制：杨　艳

出版发行：清华大学出版社
网　　址：http：//www.tup.com.cn，http：//www.wqbook.com
地　　址：北京清华大学学研大厦 A 座　　**邮　　编：**100084
社 总 机：010-83470000　　**邮　　购：**010-62786544
投稿与读者服务：010-62776969，c-service@tup.tsinghua.edu.cn
质量反馈：010-62772015，zhiliang@tup.tsinghua.edu.cn
印 装 者：三河市君旺印务有限公司
经　　销：全国新华书店
开　　本：185mm × 260mm　　**印　　张：**8.5　　**字　　数：**146 千字
版　　次：2023 年 5 月第 1 版　　**印　　次：**2023 年 5 月第 1 次印刷
定　　价：49.00 元

产品编号：098572-01

前言

根据2023届全国普通高校毕业生就业创业工作网络视频会议发布的相关信息，2023届全国普通高校毕业生规模预计将达到1 158万人，首次突破1 100万人，比2022年增加82万人。就业形势严峻复杂，教育部等各方都在积极采取各种措施帮助大学生就业。《关于开展全国高校书记校长访企拓岗促就业专项行动的通知》（教学厅函〔2022〕3号）要求全国各高校书记、校长通过各种形式访企拓岗以促进学生就业，加快健全高校毕业生市场化、社会化的就业创业工作机制，千方百计开拓更多就业创业岗位和机会，深入落实就业工作“一把手”工程。为此，教育部党组专门对高职院校毕业生就业创业工作提出要求，扎实推进高职院校书记、校长带队实地拜访用人单位活动，压实各高职院校主体责任，优化高职院校和大、中、小微企业的大数据平台，提升校企合作质量，提高职业院校人才培养质量。

本书为教育部职业教育与成人教育司纵向委托课题“高职院校书记（校长）带队拜访用人单位跟踪评估研究”成果之一，主要内容包括以下几方面。

第一，提出目前我国校企合作存在的问题。通过梳理近几年关于就业创业、校企合作相关政策，掌握校企合作对就业创业的影响，分析目前我国校企合作存在的问题，提出本研究的理论意义和实践意义，为开展校企合作质量研究设计技术路线和研究方法。

第二，寻找提升校企合作质量的理论基础。围绕主要研究问题，厘清核心概念，以利益相关者、三螺旋、投入—过程—产出理论等相关理论为基础，分析校企合作的作用机理。

第三，梳理我国职业教育校企合作的现状。基于文献研究，分析我国职业教育校企合作的发展现状，从政策体系、信息沟通、企业动力等维度深入分析校企合作面临的困境。

第四，开展访企拓岗的有效实践与分析。介绍访企拓岗专项行动的概况，基于数据分析呈现访企拓岗的有效实践，在此基础上凝练访企拓岗促就业专项行动的工作亮点。

第五，提出提升校企合作质量的对策建议。在理论和实证分析基础上，综合考虑政府、学校、企业等利益相关者的利益诉求，提出针对性的对策建议。

第六，展示访企拓岗促就业的典型案例。在全国范围内征集访企拓岗促就业典型案例，凝练可复制的模式与经验，切实深化职业院校与企业之间的合作。

作为教育部职业与成人教育司的纵向委托课题，本书的完成得到了教育部职业教育与成人教育司、中国教育科学研究院、中国高等教育学会职业教育分会、华职教育科技集团有限公司、高等职业院校人才培养工作状态数据采集与管理平台课题组、浙江金融职业技术学院、扬州工业职业技术学院、山东商业职业技术学院、浙江安防职业技术学院、哈尔滨铁道职业技术学院等相关领导和同志的大力支持。

本书是集体智慧的结晶，编写团队科研经验丰富、学缘结构合理、工作单位优势互补，既有宏观政策研究人员，也有职业院校一线工作者，可以有效把握职业教育校企合作的内涵特征和实践困境。课题负责人宗诚（中国教育科学研究院）负责全书的组织策划、协调联络、提纲拟订和审稿工作，并撰写前言；第一章和第二章由刘英霞（山东商业职业技术学院）撰写；第三章由伍红军（浙江安防职业技术学院）撰写；第四章和第五章由李菁瀚（哈尔滨铁道职业技术学院）撰写；附录由刘丽、李娇阳、许亚蕾、王玉龙（浙江金融职业技术学院）撰写。全书在技术方面得到了华职教育科技集团有限公司李永强、扬州工业职业技术学院王汝荣的大力支持。

本书在撰写过程中，广泛征求了写作意见，参考了大量研究文献和数据资料，引用了许多政策文件和制度文本，借鉴了部分地区和职业院校的典型做法，并尽可能在书中对相关内容来源或出处进行明确标注。需要指出的是，本书所涉案例来源于学校和企业，仅作为研究参考之用，不作为决策依据。在此，向提供这些资料及所有关心、支持和帮助本书撰写工作的单位和个人表示衷心的感谢与诚挚的敬意。尽管撰写过程中力求完善，但由于著者水平有限，书中难免存在不足之处，恳请广大读者批评、指正！

宗　诚

2023 年 3 月

目录

第一章 绪 论

第一节 研究缘起

就业是民生之本，是人民追求美好生活的基本保证。2019年《国务院政府工作报告》(以下简称《政府工作报告》)首次将就业优先政策置于宏观政策层面，强调稳增长首要是保就业。同时提出“扎实做好高校毕业生、退役军人、农民工等重点群体就业工作”。党的二十大报告提出“实施就业优先战略，强化就业优先政策，健全就业促进机制，促进高质量充分就业”。职业教育是与经济社会发展结合最为紧密的教育类型，担负着“稳就业、扩就业”的双重职能。校企合作作为职业教育的重要办学模式，已经成为中国特色职业教育制度的核心组成部分。本书基于利益相关者理论，从提升校企合作质量的维度，探索在高校毕业生规模不断扩张，新型冠状病毒感染疫情(以下简称“新冠疫情”)和经济下行压力加大等因素影响下，通过加强高职院校与企业的合作，增加人岗匹配程度，开拓更多就业创业岗位和机会，有效解决高职院校人才培养和产业人才需求间的供需矛盾，促进毕业生更加充分、更高质量的就业。

一、国家高度重视稳就业工作

(一)就业优先成为国家战略

就业是实现经济社会和谐稳定发展的关键。习近平总书记在党的十九大会议报告当中提出:“就业是最大的民生。要坚持就业优先战略和积极就业政策，实现更高质量和更充分就业。”2018年中共中央政治局会议提出，要抓好“六稳”工作中的“稳就业”。2019年《政府工作报告》中，国务院关于就业问题提出明确要求，要从多个角度及层面上稳定和增大就业率，并将就业优先、财政及货币政策列为新的宏观政策。为此，国务院成立相关小组，加大对就业工作的筹办和领导，以有效实现稳就业这一重大问题。2020 年第一季度，中央再次提出“六保”工作，之后的《政府工作报告》里 39 次提及“就业”，并要求增大“六稳”工作强度，即使在新冠疫情期间，决不允许停滞情况发生。同时，要求加大政策支持力度，在保持当前就业岗位的同时，还要继续扩大新型岗位，实现就业率上升，再就业率增大的趋势。2020 年我国实现城镇新增就业 1 186 万人，由于新冠疫情的反复和不稳定性，经济恢复的还比较缓慢。2021 年，在政府工作会议上李克强总理再次说明就业问题，要继续采取措施提升就业率，实现城镇新增就业 1 269 万人。2022 年“两会”指出，就业不仅是民生问题，更是发展问题，要用市场化手段解决就业问题。根据 2023 届全国普通高校毕业生就业创业工作网络视频会议发布的相关信息，2023 届全国普通高校毕业生规模预计将达到 1 158 万人，首次突破 1 100 万人，比 2022 年增加 82 万人。

（二）高职教育在稳就业战略中发挥重要作用

首届世界职业技术教育发展大会发布的《中国职业教育发展白皮书》指出，2021 年全国共设置高职院校 1 518 所（含 32 所职业本科学校）。高职院校毕业生就业率超过 90%，连续保持高位，专业对口就业率稳定在 70% 以上。毕业生就业岗位遍布高端产业和产业高端，高职毕业生半年后年收入显著高于城乡居民人均可支配收入平均水平。

在新发展理念的引领下，我国经济的高质量发展带来了更高质量的就业。制造业转型和服务业升级，产生了新的就业形态和就业新机会，在一定程度上推动了就业结构优化和就业质量提高。根据配第－克拉克定理，随着经济进步和收入增加，第二产业的劳动力将超过第一产业，随着技术的进一步发展，第三产业劳动力将超过第二产业，即第一、二产业劳动力向第三产业转移。因此，随着我国产业结构加快转型升级，第三产业吸纳就业能力持续增强，从业人员占比从 2012 年的 36.10% 提升到 2021 年的 48%，成为就业最大“容纳器”。从我国高职院校专业设置的情况来看，2021 年全国高职院校共有专业布点 137 482 个，其中，第一产业相关专业占比约 1.20%，第二产业相关专业占比约 28.02%，第三产业相关专业占比约 70.78%。可见，高职院校专业布局与产业发展规律和三类产业用工需求基本吻合，高职教育在稳就业战略中发挥了重要作用。

二、高职院校面临就业压力

在经济下行和产业结构转型升级的大背景下，在逆全球化趋势、中美经济贸易摩擦升级、全球经济减速等外部环境的影响下，就业难题日益凸显。特别是受新冠疫情影响，就业形势严峻，稳定和扩大就业被放到越来越重要的位置。

（一）经济和产业转型升级对就业的影响

1. 新冠疫情对就业结构的影响

由于受到新冠疫情的影响，世界各国的经济都受到重大影响，对传统产业的影响尤为显著。基本上传统产业都处于暂停营业的状态，对各国就业有着不乐观的影响。2020 年初全国大部分地区出现了企业招用工数量下降问题，尤其是劳动密集型加工业、旅游业、餐饮业、酒店住宿等受影响较大，中小型制造企业、服务型企业面临着较大的生存压力，民营企业、小微企业、弹性薪酬制员工就业压力显现，使高职院校学生就业竞争压力骤然增加。

新冠疫情同时加剧了招工难与求职难之间的就业结构性矛盾，使大部分线下招聘活动被迫取消，使求职者外出到现场求职难度增加，尤其是疫情较严重地区的失业人员、就业困难人员的就业问题更加突出。新冠疫情防控期间，不少企业停工停产，企业用工需求量下降，客观上导致各类就业岗位相应减少，企业对劳动力的用工需求下降，尤其是在就业容量最高的第三产业影响更加明显。受新冠疫情的影响，住宿餐饮、交通运输、旅游文化等聚集性、接触式服务行业受到较大的影响。数据显示，2020 年一季度，住宿餐饮业、批发零售业、交通运输仓储和邮政业增加值同比分别下降 35.30%、17.80%、14.00%。

2. 国内数字经济对就业结构的影响

当前，数字经济蓬勃发展，在稳增长、促改革、保就业中发挥的作用日渐突出。随着移动互联网、大数据、云计算等数字信息技术的广泛运用，传统产业借助数字技术改造升级，新产业、新业态、新模式蓬勃发展，以产业数字化和数字产业化为特征的数字经济成为经济高质量发展的新引擎，在引领生产力发展的同时，也对就业领域产生了深刻影响。表现在数字经济所伴生的新技术将逐步取代部分现有劳动力，为传统行业的部分岗位带来直接冲击；同时，新技术将催生出各类新的岗位，增加就业机会，并通过挤出低技能劳动力，增加高技能劳动力供给量实现就业结构的优化。数字经济对劳动力就业结构的影响主要表现在以下几个方面。

第一，数字技术的迅猛发展使产业结构优化升级，产业结构调整带来就业结构向更高级化变化。

第二，伴随着大数据、云计算、人工智能等数字技术的迅速发展，劳动力就业人员在行业间流动速度加快，从而扩展服务实体经济的深度与广度，促进生产分工的不断细化，产生了众多新模式新业态，使就业环境不断变化。

第三，伴随着数字经济与实体产业的融合，催生了就业技能的结构变化，设备的机械化水平不断升级，生产技术不断提高，传统的“程序化”低技能劳动力将被替代。随着企业之间的竞争不断激烈，创新成为企业占据市场的动力源，从而加大了对高技能劳动力的需求。

（二）毕业人数增加对就业的影响

高等教育步入大众化时代，高校数量增加以及大学扩招等政策的推行，大幅提升了国民受教育程度。大学本科毕业生已成为社会中的普遍存在，提高了我国的人力资本水平，但同时也带来了严峻的就业问题。再加上第三次人口生育高峰，使应届大学毕业生数量不断攀升。2019 年的《政府工作报告》中指出，应当变革和完善高职院校招生考试相关政策，鼓励农民工、下岗工人、退伍军人以及应届高中毕业生参与考试，高职院校在当年扩招数量达到 100 万人。然而社会上可供选择的就业岗位却并未因此而有所增加，同时，很多大学也在不断扩大研究生的招生规模，这些也间接导致了高职教育毕业生就业困难。

根据《中国职业教育发展白皮书》数据显示，2021 年，全国高等院校职业本专科招生人数和在校生总数分别占全国本专科高校招生数和在校生总数的 55.60%、45.85%。占据了我国高等教育的半壁江山。与此同时，高职院校毕业生数量从 2016 年的 258 万人增加到 2021 年的 345 万人，增幅达到 33.51%，如图 1-1 所示。

（三）高职院校人才供给不匹配对就业的影响

我国经济进入新发展阶段，产业转型升级对技术技能人才的素质结构和能力结构提出了新的要求，同时也对高职院校的人才培养提出了新的挑战。

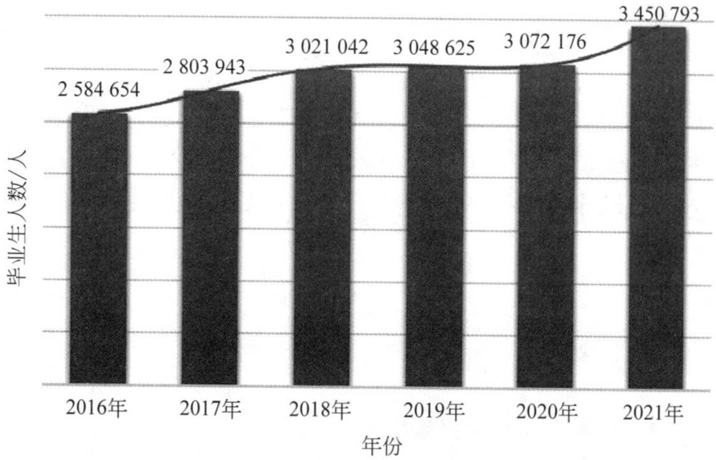

数据来源：2021 中国职业教育质量年度报告。

图 1-1　2016—2021 年我国高职院校毕业生人数

一方面我国作为制造业大国，技能劳动者占就业人口总量的比重仅为 26%，而高技能人才占技能人才总量的比重仅为 28%，高技能、高素质人才缺口大；另一方面，高职院校培养的技术技能人才在一定程度上还不能满足企业的用工需求，究其原因，主要表现在以下两个方面。

一是学校层面，高职院校在专业设置、人才培养模式等方面还不能适应经济社会发展和人才市场变化的需求，表现为专业建设未充分考虑市场需求和就业前景，造成人才供给与市场需求失衡，没有走出自己的特色，专业设置存在跟风现象。同时，高职院校“双师型”教师队伍素质还有待提升，教师专业技能和教学能力不足，岗位适应能力不强。

二是学生层面，据调查当前高职院校毕业生普遍缺乏吃苦耐劳精神，对就业期待值过高，求职时过多关注用人单位层次和工资待遇，较少考虑自身能力与实际情况，导致“慢就业”现象的出现。同时，高职院校学生存在专业知识掌握不够多，实践能力不够强，职业素养和专业能力距用人单位的要求还有一定差距等现象。

三、高职院校毕业生就业现状分析

高职院校毕业生的就业情况备受社会关注，近几年来，高职院校毕业生就业情况持续向好，毕业生就业率超过 90%，高于普通高校就业率的平均值。本部分将从高职院校毕业生总体就业率、留在当地就业人数、到 500 强企业就业人数等维度，分析近 5 年（2017—2021 年）高职院校毕业生就业现状。

（一）就业率分析

根据高职院校人才培养工作状态数据平台和质量年报数据，2017 年全国高职院校毕业生就业率 94.90%，2018 年就业率 94.79%，2019 年就业率 93.34%，2020 年就业率 88.95%，2021 年就业率 92.21%，如图 1-2 所示。

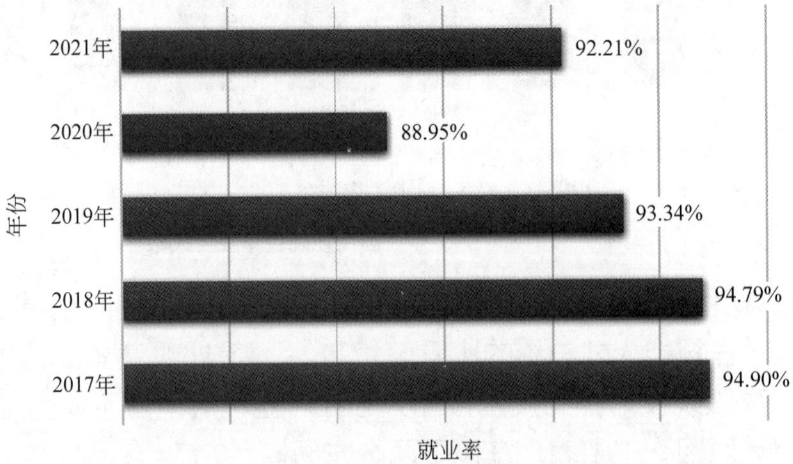

图 1-2　近 5 年高职院校毕业生就业率

可见，受新冠疫情、经济下行压力加大等多重因素影响，高职院校就业率从 2017 年的 94.90% 逐步下降到 2020 年的 88.95%，从 2021 年开始，国家持续采取有力措施提升就业率，将就业率提高到 92.21%。为贯彻落实党中央、国务院关于高校毕业生就业工作的决策部署，千方百计开拓更多就业创业岗位和机会，教育部启动实施全国高校书记校长访企拓岗促就业专项行动，全力促进高校毕业生更加充分、更高质量的就业。

（二）留在当地就业情况分析

根据高职院校人才培养工作状态数据平台和质量年报数据，2017 年全国高职院校毕业生留在当地就业人数占就业总人数的 53.75%，2018 年留在当地就业人数占就业总人数的 54.13%，2019 年留在当地就业人数占就业总人数的 54.65%，2020 年留在当地就业人数占就业总人数的 61.05%，2021 年留在当地就业人数占就业总人数的 61.06%，如图 1-3 所示。

从图 1-3 可以看出，2017 年开始，高职院校毕业生留在当地就业的占比从 53.75% 逐年提高到 54.65%，并在 2020 年显著增长到 61.05%，增幅达到 11.1%。表明高职院校服务地方经济发展的能力稳步提升，同时，也说明高职院校与当地企业的合作不断深化，校企合作质量取得显著成效。

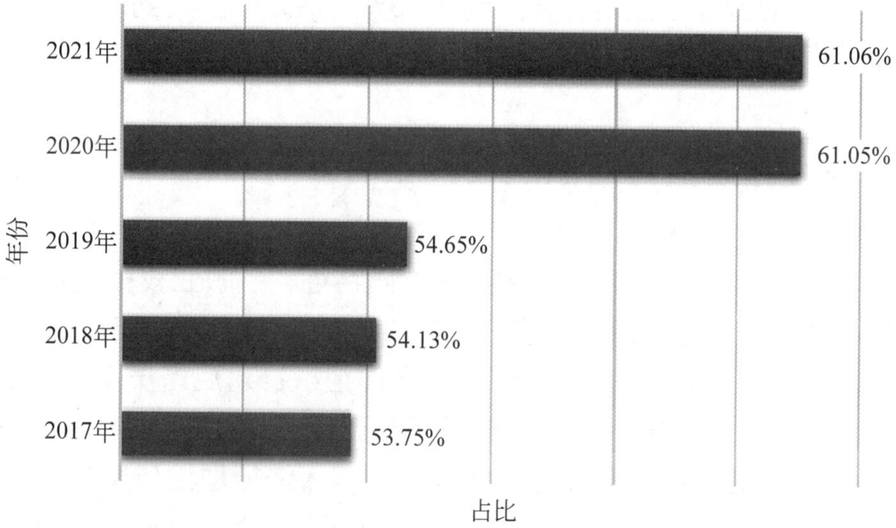

图 1-3　近 5 年高职院校毕业生留在当地就业人数占比

（三）到 500 强企业就业情况分析

根据高职院校人才培养工作状态数据平台和质量年报数据，2017—2021 年全国高职院校毕业生到 500 强企业就业人数分别占当年总就业人数的 8.84%、8.97%、9.13%、7.79% 和 7.20%，如图 1-4 所示。

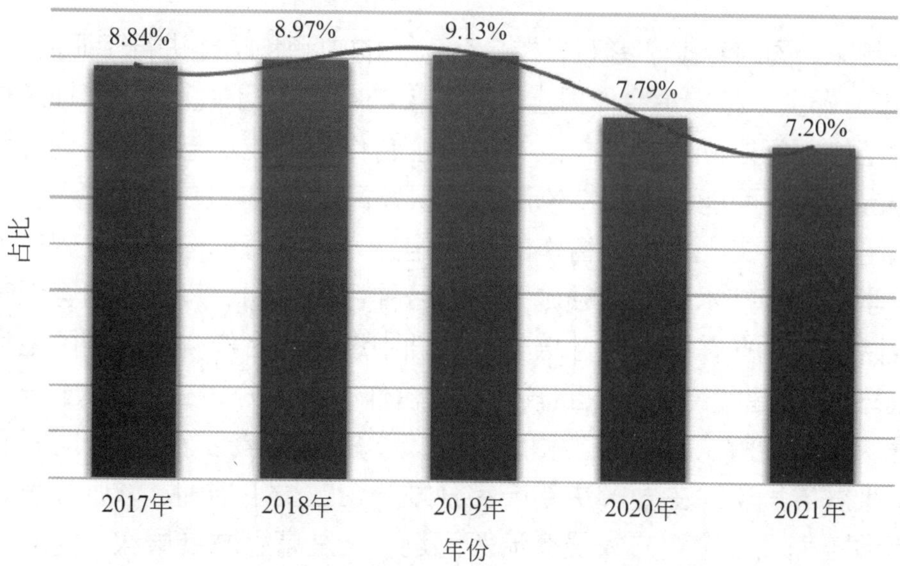

图 1-4　近 5 年高职院校毕业生到 500 强企业就业人数占比

从图 1-4 可以看出，到 500 强企业就业的占比从 2017 年的 8.84% 稳步增长到 2019 年的 9.13%，受新冠疫情和经济下行压力的影响，2020 年到 500 强企业就业的毕业生占比下降到 7.79%，下降幅度达到 14.68%。在国家“六稳”“六保”政策支持下，2021 年基本稳定到 7.20%。

四、校企合作质量对高职院校就业的影响

校企合作、工学结合是职业教育的本质特征，是职业教育发展的基本规律和根本道路。联合国教科文组织早在 1974 年《关于技术与职业教育的建议》中就提出，应鼓励企业与教育机构合作组织针对后备员工的职业培训。2001 年修订的《关于技术与职业教育的建议》第 35 条进一步强调：“企业应积极参与对准备在其相关领域选择职业的那些人进行理论与实践的培训；并应与教育机构相互配合，组织这种培训。”从而体现了知识经济到来的时代特征，同时增进了企业参与职业教育的社会责任。我国在 2002 年就提出了职业教育要“以服务为宗旨、以就业为导向”的办学指导方针和“校企合作、工学结合”的人才培养模式，指导职业教育不断深化校企合作，提高人才培养与产业发展的契合度，提升毕业生就业质量，增强职业教育服务经济和社会发展的能力。

（一）我国校企合作发展还处于中级层次

近年来，国内专家学者对“校企合作”的内涵和功能进行了研究与界定。2002 年，杨金土将校企合作界定为“学校与社会上相关企业、事业单位及其他各种工作部门之间的合作关系”，“校企合作”的成功与否关系到高职教育能否办出特色，而能否办出特色正是高职教育兴衰成败的决定性因素。2009 年，余祖光从广义上将校企合作的内涵定义为“教育机构与产业界在人才培养、科学研究和技术服务等领域开展的各种合作活动。其核心内容而言主要是职业院校与企业在相关人才培养、培训中进行的合作，属于国际上通称的合作教育”。潘建华将我国职业教育校企合作的发展分为三个层次：一是初级发展层次，主要解决企业用工和职业院校学生技能学习、顶岗实习等问题；二是中级发展层次，主要解决新产品开发、企业员工培训、教师培养、学生综合素质培养、校企双方人员交流等问题；三是高级发展层次，即职业院校与企业深度融合阶段，这个阶段实现了真正意义上的校企合作，建立起了一

个可持续发展的良性循环机制、促进了教育资源的优化组合及办学效益的整体提高。

从目前我国职业教育校企合作的发展程度看，还存在“校热企冷”现象，校企合作程度普遍较低，合作的内容主要表现在学生实习、员工培训、共建产业学院等项目。从利益相关者的视角看，校企合作的质量尚不能满足学校、企业、政府、学生的利益诉求，职业院校与企业在合作过程中还未能达到深度融合的效应，学校培养的人才与企业的职业岗位需求还不够匹配，校企合作对学生就业质量的促进作用还不够明显，校企合作水平处于中级发展层次。

（二）校企合作质量对高职院校就业的促进作用

职业院校和企业在发展职业和人才培养方面有着共同的利益诉求，企业的设备、技术、师资等资源为职业教育技术技能人才培养提供了必不可少的保障。校企合作的质量对职业院校技术技能人才的培养和就业发挥着关键性的作用。主要表现在以下三个方面。

一是高质量的校企合作为学生提供更多的就业岗位。高职院校与企业通过共建专业、共建实训基地等举措，紧密对接企业的岗位需求联合培养技术技能人才，从而为学生量身打造更多的就业岗位，为毕业生提供更多的就业机会，推进学校人力资源的市场化和社会化，使学校的人才培养目标与企业需求达成一致，提高人岗匹配度，同时也缓解了政府层面的就业压力，使学校、企业、学生等利益相关者均受益。

二是高质量的校企合作能提升学生的就业能力。校企合作可以使学校的教学过程与企业的生产过程结合，使企业相应的岗位需求与教学内容有机融合，加深学生对行业、企业以及岗位的认识，从而实现学生在工作中学习、在学习中工作，对提升学生的就业能力，提前做好就业准备意义重大，有助于学生获取更多的就业机会，同时也提高了高职院校人才输出的契合度。

三是高质量的校企合作帮助学生找准职业定位。学生在校内进行学习以及实践的过程与实际的工作环境差别明显，从而使学生在毕业以后要经过很长一段时间去适应工作岗位。开展校企合作，可以使学生在校期间就能够接触到与自己专业有关的企业的实际生产过程，掌握一些行业的先进技术以及先进设备的使用方法，充分了解公司的文化，学习合作公司的规章制度，有效提升学生的工作责任感，为学生的就业做充足的准备，迅速融入工作环境中，在岗位上实现自己的价值。

（三）访企拓岗专项行动提升校企合作质量和就业质量

为落实高职院校毕业生就业创业工作，2021 年职业教育与成人教育司（简称职成司）推进高职院校书记校长带队拜访用人单位活动，开发线上信息填报系统，建立专项调度机制，建立起了高职院校和大、中、小微企业的大数据新平台，鼓励书记、校长实地走访用人单位的工作和生产一线，深入了解学校毕业生就业岗位的能力需求、工作环境和薪酬待遇，积极为学校毕业生推荐优质岗位。2022 年，教育部办公厅印发《教育部办公厅关于开展全国高校书记校长访企拓岗促就业专项行动的通知》（教学厅函〔2022〕3 号），进一步明确了学校全员深度参与做好高校毕业生就业工作，全面深化校企合作、供需对接，既立足当前为 2022 届高校毕业生开拓更多就业创业岗位和机会，又着眼长远构建高校毕业生市场化社会化的就业工作机制，全力促进高校毕业生更加充分、更高质量就业的工作目标。通过开展高职院校书记校长访企拓岗促就业专项行动，有效提升了校企合作深度和广度，有力促进了顶岗实习和就业工作。

第二节　研 究 现 状

近年来，国家高度重视职业教育的产教融合、校企合作，而推进产教深度融合、校企紧密合作也成为职业教育改革发展的重要方向。同时，就业难问题成为近年来社会各界关注的焦点，职业教育作为与国民经济发展结合最为紧密的教育类型，其就业问题更是关系着民生福祉。因此，越来越多的学者开始研究校企合作背景下，如何提升职业教育学生的就业竞争力，进而促进更高质量就业和更充分就业。

一、政策现状

党和国家高度重视职业教育的发展，发布了系列政策，坚持面向市场、促进就业，推进职业教育深化改革，为经济社会发展培养高素质技术技能人才。本节通过梳理我国就业创业、校企合作促进就业的相关政策和专项行动，查找现阶段研究中存在的问题。

（一）推进就业创业的政策

我国国家政策始终高度关注大学生的就业问题。2008 年 1 月 1 日起施行的《中华人民共和国就业促进法》第二条规定："国家把扩大就业放在经济社会发展的突出位置，实施积极的就业政策，坚持劳动者自主择业、市场调节就业、政府促进就业的方针，多渠道扩大就业。"面对大学生不断增长的就业压力和严峻的就业形势，国家对大学生就业的关注程度和调控力度不断加大，本部分重点梳理近三年来国家关于就业创新创业的相关政策。

1.《教育部关于做好 2021 届全国普通高校毕业生就业创业工作的通知》

自 2010 年起，教育部每年年底会下发关于做好全国普通高等学校毕业生就业工作的通知。2020 年，《教育部关于做好 2021 届全国普通高校毕业生就业创业工作的通知》（教学〔2020〕5 号）中明确指出，促进高校毕业生就业是就业工作的重中之重。2021 届高校毕业生就业形势复杂严峻，就业工作任务艰巨。为贯彻落实党中央、国务院"稳就业""保就业"决策部署，教育部决定实施"2021 届全国普通高校毕业生就业创业促进行动"，并提出积极拓展政策性岗位、积极拓展市场化岗位、进一步提升就业指导服务水平、完善就业统计评价、加强领导和组织保障五个方面 23 条举措。通知中，提出"建立就业岗位拓展新机制"，要求高校组织举办重点省份、重点城市、重点行业、中小微企业等就业创业供需对接系列活动，并主动联系用人单位和招聘机构，多种方式拓宽岗位信息来源。

2.《教育部关于做好 2022 届全国普通高校毕业生就业创业工作的通知》

2022 届普通高校毕业生规模、增量创历史新高，就业形势复杂严峻。为深入贯彻党的十九大和十九届历次全会精神，教育部决定实施"2022 届全国普通高校毕业生就业创业促进行动"。2021 年，《教育部关于做好 2022 届全国普通高校毕业生就业创业工作的通知》（教学〔2021〕5 号）中提出完善市场化社会化就业促进机制、充分发挥政策性岗位吸纳作用、强化就业指导服务、开展重点群体就业帮扶、完善就业统计发布机制、持续深化高等教育改革、加强组织领导七个方面共 24 条举措，进一步健全就业创业促进机制，推动就业创业工作提质增效，促进高校毕业生更加充分、更高质量就业。

3.《教育部办公厅关于开展 2022 年高校毕业生就业创业政策宣传月活动的通知》

2022 年，为进一步加大就业创业政策宣传力度，帮助更多高校毕业生知晓各项促就业政策，《教育部办公厅关于开展 2022 年高校毕业生就业创业政策宣传月活动的通知》（教学厅函〔2022〕7号）指出，“政策宣传月”活动安排在4月，由教育部主办，各省级教育行政部门和有关省份人力资源社会保障部门和全国高校参与，联合中央和地方主流媒体共同开展，旨在宣传党中央、国务院促进高校毕业生就业创业的部署要求，中央有关部门、各地和各高校在促进高校毕业生基层就业、自主创业、参军入伍、权益保障等方面出台相应的政策措施，以切实促进高校毕业生更加充分、更高质量就业。

（二）校企合作促就业的政策

产教融合、校企合作是职业教育办学的基本模式，是培养高技术技能人才的必然要求。近年来，国家发布系列政策文件，积极推动职业教育校企合作广度和深度，培养了一大批高素质技术技能能手、能工巧匠、大国工匠。本部分梳理近五年来国家印发的校企合作文件，并重点研究通过提高校企合作质量促进就业创业的举措。

1.《国务院办公厅关于深化产教融合的若干意见》

2017年，《国务院办公厅关于深化产教融合的若干意见》（国办发〔2017〕95号）指出，深化产教融合，促进教育链、人才链与产业链、创新链有机衔接，是当前推进人力资源供给侧结构性改革的迫切要求，对新形势下全面提高教育质量、扩大就业创业、推进经济转型升级、培育经济发展新动能具有重要意义。文件提出了“发挥企业重要主体作用，促进人才培养供给侧和产业需求侧结构要素全方位融合，培养大批高素质创新人才和技术技能人才”，“面向产业和区域发展需求，完善教育资源布局，加快人才培养结构调整，创新教育组织形态，促进教育和产业联动发展”的发展思路，并指出深化产教融合的主要目标是逐步提高行业企业参与办学程度，健全多元化办学体制，全面推行校企协同育人，形成教育和产业统筹融合、良性互动的发展格局，健全完善需求导向的人才培养模式，基本解决人才教育供给与产业需求之间重大的结构性矛盾，从而为高职院校注重发挥行业组织人才需求预测、用人单位职业能力评价的作用，把市场供求比例、就业质量作为学校设置调整学科专业、确定培养规模的重要依据，最终实现促进学生高水平发展和高质量就业的目标。

2.《职业学校校企合作促进办法》

2018年，教育部联合国家发展改革委等六部委印发《职业学校校企合作促进办法》（教职成〔2018〕1号），明确了校企合作制度，发挥企业在实施职业教育中的重要办学主体作用，指导各地职业学校开展校企合作。文件第七条指出，职业学校和企业可以结合实际在人才培养、技术创新、就业创业、社会服务、文化传承等方面开展合作，并结合就业市场和企业需求，提出要根据就业市场需求，合作设置专业、研发专业标准，开发课程体系、教学标准以及教材、教学辅助产品，开展专业建设；合作制定人才培养或职工培训方案，实现人员互相兼职，相互为学生实习实训、教师实践、学生就业创业、员工培训、企业技术和产品研发、成果转移转化等提供支持；根据企业工作岗位需求，开展学徒制合作，联合招收学员，按照工学结合模式，实行校企双主体育人，从而指导职业院校以促进就业为导向，对接新经济、新技术、新职业，增设和适度超前规划一批新专业，更新升级一批现有专业、淘汰一批落后专业，紧贴职业岗位需求开展校企合作，培养高层次技术技能人才。

3.《建设产教融合型企业实施办法（试行）》

2019 年，国家发展改革委联合教育部下发了关于印发《建设产教融合型企业实施办法（试行）》的通知（发改社会〔2019〕590 号），对产教融合型企业做了明确的规定，“产教融合型企业是指深度参与产教融合、校企合作，在职业院校、高等学校办学和深化改革中发挥重要主体作用，行为规范、成效显著，创造较大社会价值，对提升技术技能人才培养质量，增强吸引力和竞争力，具有较强带动引领示范效应的企业”。通过建设产教融合型企业，充分发挥企业在技术技能人才培养和人力资源开发中的重要主体作用，并通过企业承担现代学徒制和企业新型学徒制试点任务，接收职业院校或高等学校学生开展每年实习实训、实施学历证书 + 职业技能等级证书制度试点任务、与高职院校开展有实质内容和具体项目的校企合作，通过订单班等形式共建专业点、以校企合作等方式共建产教融合实训基地等举措，达到促进就业创业的目标。

4.《职业教育提质培优行动计划（2020—2023 年）》

2020 年，教育部等九部门印发《职业教育提质培优行动计划（2020—2023 年）》的通知（教职成〔2020〕7 号），将“职业学校办学水平、人才培养质量和就业质量整体提升，职业教育的吸引力和社会认可度大幅提高，有效支撑地方经济社会发展和国家重大战略”作为主要目标之一，并在“深化校企合作协同育人模式改革”中提出，支持职业学校根据自身特点和人才培养需要，主动与具备条件的企业在人才培养培训、技术创新、就业创业、社会服务、文化传承等方面开展合作。在规划设计的十项任务 27 条举措中，提出建立产业人才数据平台，发布产业人才需求报告，研制职业教育产教对接谱系图，指导优化职业学校和专业布局，促进人才培养和产业需求精准对接；全面推行现代学徒制和企业新型学徒制，建设一批具有辐射引领作用的高水平专业化产教融合实训基地，深化校企合作协同育人。从而为高职院校对接产业需求、提高人岗匹配度指明了方向。

5.《关于推动现代职业教育高质量发展的意见》

2021 年，中共中央办公厅、国务院办公厅印发《关于推动现代职业教育高质量发展的意见》，提出“坚持产教融合、校企合作，推动形成产教良性互动、校企优势互补的发展格局；坚持面向市场、促进就业，推动学校布局、专业设置、人才培养与市场需求相对接”的工作要求，并在第三部分“完善产教融合办学体制”中明确指出，围绕国家重大战略，紧密对接产业升级和技术变革趋势，优先发展先进制造、人工智能等产业需要的一批新兴专业，加快建设学前、护理、康养、家政等一批人才紧缺的专业，撤并淘汰供给过剩、就业率低、职业岗位消失的专业，形成紧密对接产业链、创新链的专业体系。从而进一步规范职业院校相关专业设置，推动专业设置与产业需求对接、课程内容与职业标准对接、教学过程与生产过程对接，优化职业教育供给结构。

6.《中华人民共和国职业教育法》

2022 年，新修订的《中华人民共和国职业教育法》正式实施。在第四条中指出，职业教育要“坚持立德树人、德技并修，坚持产教融合、校企合作，坚持面向市场、促进就业，坚持面向实践、强化能力，坚持面向人人、因材施教”，并提出，“对深度参与产教融合、校企合作，在提升技术技能人才培养质量、促进就业中发挥重要主体作用的企业，按照规定给予奖励”，要求“职业学校应当建立健全就业创业促进机制，采取多种形式为学生提供职业规划、职业体验、求职指导等就业创业服务，增强学生就业创业能力”，并对职业学校与行业企业的合作做了明确规定，“国家鼓励职业学校在招生就业、人才培养方案制定、师资队伍建设、专业规划、课程设置、教材开发、教学设计、教学实施、质量评价、科学研究、技术服务、科技成果转化以及技术技能创新平台、专业化技术转移机构、实习实训基地建设等方面，与相关行业组织、企业、事业单位等建立合作机制”。

（三）实施访企拓岗促就业专项行动

为深入贯彻落实党中央、国务院关于高校毕业生就业工作的决策部署，全力确保高校毕业生就业局势稳定，基于 2021 年教育部党组关于开展高职院校书记（校长）带队拜访用人单位的工作实践及取得成效，2022 年 3 月，《教育部办公厅关于开展全国高校书记校长访企拓岗促就业专项行动的通知》（教学厅函〔2022〕3 号）印发，正式部署开展全国高校书记校长访企拓岗促就业专项行动。专项行动以“用人单位大走访，全员联动促就业”为主题，与相关单位建立就业合作渠道，千方百计开拓更多就业创业岗位和机会。同时，为了促进学校与地方政府、企业的联系，真正打通就业渠道，教育部提出了高等职业院校（含本科层次职业院校）每所学校书记（校长、院长）正职共拜访用人单位原则上不少于 100 家的明确要求，全力促进高校毕业生更加充分、更高质量就业。通过访企拓岗促就业专项行动，实现了以下几方面的发展目标。

一是广泛开拓就业渠道和就业岗位，为毕业生创造实习与就业机会。高职院校通过充分调动教学、科研、校友等各方面资源，主动走进园区、走进行业、走进企业，同时，邀请用人单位到学校招聘人才，为毕业生挖掘更多岗位资源，提供更多优质和精准的就业信息。建立一批毕业生就业实习实践基地，为毕业生创造更多实习和就业机会。

二是深入开展社会用人需求调查，增强人才培养针对性和适应性。高职院校通过走访企业，深度了解用人单位对毕业生的知识、能力、素质要求，在分析所在行业的发展趋势和人才需求形势基础上，查找学校在专业设置、人才培养、就业服务等方面存在的短板，充分吸收用人单位的意见建议，为学校科学专业调整、人才培养方案制定、招生计划安排和就业指导服务提供参考和依据，不断增强人才培养的针对性和适应性。

三是开展毕业生就业状况跟踪调查反馈，推动学校深化教育教学改革。高职院校通过深入了解毕业生的工作情况、生活情况和发展情况，增强毕业生扎根基层、无私奉献、热爱劳动的信心。在听取毕业生对学校人才培养工作的意见建议的基础上，优化学校的人才培养全过程。深入了解用人单位对学校毕业生的满意度，以及在思想道德品质、职业素养、专业能力等方面的反馈意见，推动学校深化教育教学改革、提高人才培养质量。

访企拓岗专项行动的核心是解决校企双方关于人才供需信息不对称的现实问题，旨在提高毕业生供给与企业需求的匹配程度。供需有效对接才能培养高质量毕业生，访企可以深度了解用人单位对毕业生知识、能力、素质的要求，及时发现学校现阶段人才培养短板，契合区域地方经济发展需要，实现学校专业课程调整与区域经济的人才需求变化同步，不断增强人才培养的针对性和适应性，促进人才培养与社会需求紧密联系。

二、研究成果分析

在中国知网以“校企合作”“就业”为主题，共检索到 4884 篇文章，其中与高职院校就业相关的文章只有 465 篇。相关研究主要集中在校企合作对促进就业的影响与价值、校企合作促进学生就业能力路径与策略、就业导向的校企合作模式创新等方面。

（一）校企合作对促进就业的影响与价值

不同学者基于人力资本理论、利益相关者理论等，界定了深化校企合作对促进就业创业的价值所在。陈惠鑫提出，积极开展校企合作，可以帮助高校深入地了解企业对人才的具体需求，为大学生就业创业带来了新的机遇。可以帮助大学生更好地对课堂中所学得的理论知识进行吸收，提高其对理论知识的灵活运用能力，增强大学生就业创业积极性。刘锐提出，校企合作培养模式有利于提升学校育人水平，提高学生就业能力，缓解高职院校毕业生就业压力。因此，高职院校必须立足就业市场具体情况以及学生实际情况探索更加科学有效的人才培养模式。高勇认为，在传统教育中引进校企合作模式，让高校毕业生了解人才的需求，畅通就业渠道和信息，由此衍生出新的就业模式，能促进高校解决好毕业生就业难的问题。同时，能实现企业自身经济效益与社会效益的有效结合。范一媚从提高学生就业能力、实现校企无缝衔接、帮助学生更好融入企业岗位、端正学生就业心态等方面，分析了高职院校校企合作对学生就业的影响，探究通过高职院校校企合作促进学生就业的途径。黄显鸽在供给需求及需求层次等相关理论基础上，实证分析了校企合作对于学生就业的影响，从制定校企合作的规章制度、建立校内实习基地、建设“双师型”教师队伍等方面提出策略。

（二）校企合作促进学生就业能力的路径与策略

校企合作是加强大学生岗位匹配能力、提升核心就业能力、不断促进高质量就业的关键举措。研究校企合作促进学生就业能力的路径与策略的文献相对最多，学者们从不同的视角，深入研究了目前我国高校毕业生就业难的现状和原因。韩莎莎等分析了高校学生就业中存在的问题，探索在校企合作模式下，发挥企业与学校各自的优势，增加学生的就业能力路径。王明明等探究了企业对大学生能力的需求，并指出了现阶段大学生就业创业能力中存在的问题及原因，提出了培养大学生就业创业能力需要从加大思政教育、加强教学改革、加深“专创融合”、推进校企合作和推行创客空间等方面入手。杜斐从以旅游行业发展趋势为导向完善课程体系，拓展学生通识素质、对照企业岗位标准，丰富教学内容、优化实训训练资源，扩大校企合作层次等方面提出提升大学生就业能力的具体对策。王超分析影响学生就业质量的因素，探究以校企深度联合全过程培养实现高职学生高质量就业实践路径的可行性。任付成认为，校企合作背景下高职院校学生就业能力的提升离不开校外企业、高职院校和学生三个方面共同的努力，在分析校企合作对提升高职院校学生就业能力的贡献基础上，提出校企合作视角下高职院校学生就业能力提升的措施。

（三）就业导向的校企合作模式

《中华人民共和国职业教育法》明确要求“职业教育是培养多样化人才、传承技术技能、促进就业创业的重要途径”。校企合作作为高校培养学生的一种重要模式，对提升大学生就业能力、实现大学生高质量就业具有重大意义。对高职院校校企合作模式的研究众多，但是，聚焦就业导向的校企合作模式的研究成果较少。高鹏从当前高校学生就业培养模式中存在的问题出发，深入探究了校企合作模式的人才培养优势，提出要不断转变学生就业能力培养的固有理念，完善实践培养的保障机制，加强校内实训基地的有效运行，真正实现学生就业观念、就业能力的培养及校企双方的合作共赢。李耿提出，高校和企业要顺应经济社会发展趋势，不断深化校企合作模式，提升校企合作的广度与深度，提升学生综合能力，实现高质量就业和创业，培养符合社会需求的高质量人才。邵洁琼建议，在校企合作模式中，高校可以根据企业的实际需求调整人才培养战略，聚焦于培养符合市场需求的专业性人才，优化大学生的专业知识结构，提高其动手能力及创新能力，进一步提高学生的综合竞争力，实现高素质复合型人才的培养，进而促进就业与创业。张蓝予认为，校企合作育人模式有利于确保高职院校毕业生具有优秀的创业能力以及就业能力，也令学生能够在现阶段竞争日益激烈的人才市场竞争之中抢夺一席之地。张蕾提出，采用校企合作的模式，在保证学生就业岗位的同时，也能够针对用人单位以及社会对人才的要求，及时改变自身教学手段以及教学内容，对高职学生的就业工作也起着积极的推动作用。

三、存在问题分析

通过梳理已有的校企合作文献可以发现，大部分学者的研究焦点集中在校企合作体制机制研究、校企合作模式研究等领域，缺少对校企合作质量，特别是校企合作促进职业教育就业创业方面的研究。

（一）对我国校企合作质量的理论研究不足

虽然近年来专家学者对职业教育校企合作的研究呈井喷状态，大大推进了校企合作领域研究的深度和广度，但是，对校企合作质量的研究还相对比较少，尤其是对校企合作质量的理论研究明显不足。有学者尝试从经济学领域、社会学领域的视角探索校企合作有效性的评价，但是，还缺乏在理论层面对校企合作本质问题更深层次的认识，对职业教育校企合作质量的理论支撑还需要进行更深层次的挖掘、拓展和深化，为促进职业教育适应产业转型需要，培养多样化人才、传承技术技能、促进就业创业奠定理论基础。

（二）对我国校企合作质量的实证研究不足

目前，在职业教育校企合作的理念、模式、机制等方面已经取得了丰硕的研究成果，但校企合作中“学校一头热”等问题还没有得到彻底解决，校企合作诸多研究成果实践性不足，难以对校企合作过程中出现的问题进行观测、分析和评价。因此，需通过大量的实证研究，在全国范围内广泛收集表征校企合作质量的数据，进行深入挖掘和分析，进而研究得出影响职业教育校企合作效果和质量的影响因素，进一步通过国家层面出台政策制度、开展专项活动等举措，进而夯实校企合作结果的有效性。

（三）对我国校企合作促进就业的研究不足

学生的就业数量和质量是评价校企合作质量的关键指标。国家在校企合作的有关文件和专项活动中，明确规定了学校和企业可以在招生就业、人才培养方案制定、师资队伍建设、专业规划、课程设置、教材开发、教学设计、教学实施、质量评价、科学研究、技术服务、科技成果转化以及技术技能创新平台、专业化技术转移机构、实习实训基地建设等方面开展合作。然而当前校企合作的众多研究多集中在校企合作的运行模式、教学改革、影响因素、政策制度以及保障机制等方面，忽视了对校企合作促进就业创业进行系统的研究。

第三节　研究意义

一、理论意义

职业院校毕业生就业问题是反映职业教育发展质量的重要因素，是评价校企合作质量的关键环节，也是我国经济社会发展及社会稳定的重要指标。本研究基于利益相关者理论、投入产出理论等，在较为成熟的多学科理论指导下对通过深化校企合作促进就业的要素和路径进行研究，具有较大理论意义。

一是基于经济学等不同领域的理论指导课题研究，以校企合作促进职业教育就业创业为研究主线，进而丰富校企合作理论、就业创业理论、高等职业教育相关理论，为校企合作质量研究提供新的研究视角，弥补校企合作领域的研究不足。

二是通过本研究的探索与实践，能够为我国职业教育提升校企合作质量提供新的思路，进而为政府制定政策、深化职业院校的改革、吸引行业企业深度参与办学，提升职业院校毕业生就业竞争力提供理论依据。

二、实践意义

理论研究的价值在于指导实践。产教融合校企合作是我国职业教育改革发展的必由之路，而解决职业院校学生就业问题是落实以就业为导向的职业教育宗旨的现实体现，高职学生就业竞争力提升是高等职业教育的深层含蕴。本研究顺应数字经济时代和产业转型升级带来的变化，探索助力学生提高就业质量的途径，实现更充分就业，具有以下实践意义。

一是有利于提高职业教育毕业生就业创业质量，解决技能人才短缺问题。校企合作是打通学校、企业、行业的一把钥匙，可以提高职业教育专业建设与产业结构匹配度，而促进职业院校学生更高质量就业和更充分就业是提高校企合作质量的重要表现。研究以教育部访企拓岗专项活动为载体，探索通过深化校企合作，拓展学生的就业岗位，为学生提供更优质、更充分的就业岗位，增强职业教育人才培养的针对性和适应性，对提高毕业生就业质量，解决技能人才短缺问题具有较大实践意义。

二是有利于企业更广泛参与职业教育，提升学生就业竞争力。新修订的《中华人民共和国职业教育法》明确指出“国家发挥企业的重要办学主体作用，推动企业深度参与职业教育，鼓励企业举办高质量职业教育”。通过开展访企拓岗活动，加强职业院校与企业的合作，掌握企业对技术技能人才的需求，从而增加人岗匹配程度，提升学生的就业竞争力。同时，本研究可以指导高职院校进行校企合作构建和实践，对推动高职教育校企合作具有指导意义和推广价值。

第四节　研 究 方 案

深化产教融合、校企合作，调动企业参与职业教育人才培养全过程对促进职业教育高质量发展具有重要意义。2020 年教育部等九部门印发《职业教育提质培优行动计划（2020—2023 年）》，强调职业教育育人的基本原则需关照多元治理办学的质量保证机制，深化校企合作、产教融合的程度，推进职业教育的高质量发展。本研究以提升职业教育就业创业质量为主线，通过查阅文献、开发平台、设计指标、分析数据、广泛实践、形成案例等，对校企合作质量进行研究。

一、技术路线

课题组通过研读政策和查阅文献，对国内外校企合作质量进行深入研究，运用利益相关者理论、投入产出理论等，在分析和总结访企拓岗数据平台指标和数据基础上，形成如下技术路线，如图 1-5 所示。

首先是研读国家相关政策，梳理研究有关文献，掌握校企合作、职业院校学生就业创业的相关研究现状，阐述研究的背景和意义、国内外研究现状、研究的思路和方法；其次，对有关核心概念进行界定，研读相关理论基础；再次是开发平台，获取数据，对访企拓岗的有效性进行实践与分析；最后是从政府、企业、学校、学生等利益相关者的视角，提出提升校企合作质量的策略。

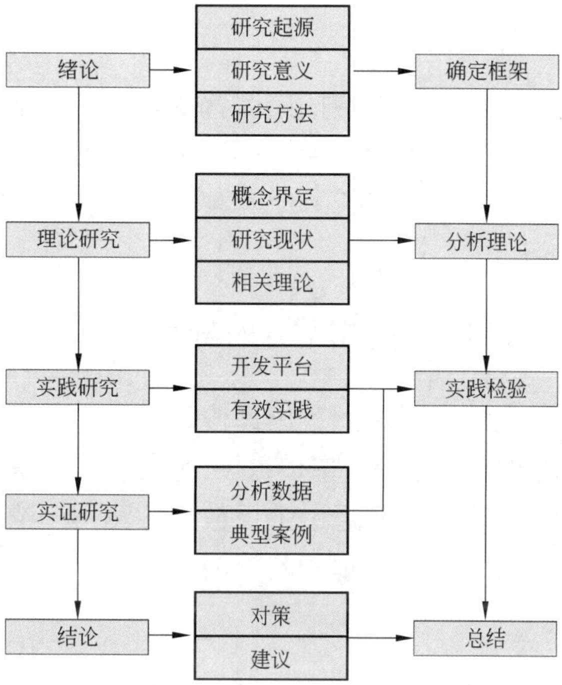

图 1-5 研究技术路线

二、研究方法

本研究采用定性与定量相结合的方法，从校企合作的应然性出发，分析提高校企合作质量、促进学生就业的路径，并对提升校企合作质量提出对策建议。结合研究内容，主要采用以下研究方法。

（一）文献研究法

在研究过程中，通过广泛查找、整理近 10 年来国内外关于校企合作质量的学位论文、专著、学术论文等，并研读近年来国家关于校企合作、就业创业的政策文件，对有关校企合作、高职教育毕业生就业质量等相关资料进行分主题研究，提炼相关核心观点，为后续提出对策建议提供参考。

（二）统计分析法

通过访企拓岗专项工作平台收集全国各高职院校的数据，借助 MATLAB 和统计分析软件 SPSS、Excel 等对数据展开进一步处理，分析书记院长主动走进园区、走进行业、走进企业，通过访企拓岗开拓更多就业创业岗位和机会，并对促进就业、专业建设、区域产业发展等方面的成效，为后续研究奠定基础。

（三）案例分析法

通过在全国高职院校征集访企拓岗促就业案例，从不同利益相关者的视角，选取从学校区域、学校类型、合作事项、合作企业类别等方面有代表性的学校案例进行研究，增强本研究的现实意义，并为提出提升校企合作质量对策提供依据。

（四）规范分析与实证分析相结合的研究方法

研究以利益相关者理论和投入产出理论为基础，分析我国校企合作质量以及对职业院校毕业生就业质量的影响。采用实证研究法对我国高职院校校企合作促就业的现状进行研究，通过分析数据和案例，论证通过访企拓岗促就业专项行动对提升校企合作质量的实施成效，并采用规范分析法分析校企合作质量相关指标。

三、研究内容

本研究通过对我国职业教育校企合作质量现状进行研究，在利益相关者理论基础上，探索提升校企合作质量的有效路径，并旨在通过访企拓岗促就业专项行动，全力促进高校毕业生更加充分更高质量就业。本研究由以下六个部分组成。

第一章绪论。论述了研究缘起、研究现状、研究意义和研究方案。其中，从国家高度重视稳就业工作、高职院校面临就业压力、高职院校毕业生就业现状分析、校企合作质量对高职院校就业影响等四个维度提出通过加强高职院校与企业的合作，提高人岗匹配程度，开拓更多就业创业岗位和机会，有效解决高职院校人才培养和产业人才需求间的供需矛盾，促进毕业生更加充分、更高质量就业。在梳理我国近几年就业创业政策、校企合作政策，研读文献，掌握校企合作对就业创业的影响的基础上，分析目前我国校企合作质量存在的问题，提出本研究的理论意义和实践意义，为开展校企合作质量研究设计技术路线和研究方法。

第二章理论基础。围绕研究的主要问题，厘清职业教育、高等职业教育、校企合作、校企合作质量等核心概念并以利益相关者理论、三螺旋理论、投入—过程—产出（Input-Process-Output）理论等为基础，分析校企合作的作用机理。以利益相关者理论为指导，以人才培养状态数据平台为载体，分析平台开发的缘起和思路；以投入—过程—产出理论为指导，研究平台指标的设计思路和内涵，为校企合作质量奠定理论基础。

第三章为高等职业教育校企合作现状。通过查阅文献，首先分析我国校企合作经历了从内向外（校办产业到校企合作）、从点上合作到面上融合（校企合作到产教融合）、从点对点合作到平台型发展（订单班—学徒制—产业学院）、从单一形式到多元化发展（订单班到学徒制、产业学院、混改实体）的发展历程，进而分析了职业教育校企合作的发展现状，即制度逐步建立，顶层设计逐步完善，合作向平台化发展，实现从生产性与教育性的分立再到生产与教育的融汇的效果；在此基础上，从政策体系、信息沟通、企业动力等维度深入分析了校企合作面临的困境。

第四章为高职院校访企拓岗促就业专项行动的实践分析。首先梳理访企拓岗促就业专项行动的总体情况，即开发平台、采集数据、分析数据、提出对策等，以实现广泛开拓就业渠道和就业岗位，促进高质量就业。论述了访企拓岗促就业专项行动的有效实践，包括建立“走出去”“请进来”常态化机制、政府支持推动访企拓岗促就业专项工作开展、契合产业发展需求提升服务区域经济建设水平、对接人才培养与社会需求掌握企业岗位需要、促进院校建设推动校企合作持续发展，在上述研究基础上，凝练访企拓岗促就业专项行动的亮点。

第五章为高等职业教育校企合作质量提升的对策建议。在理论和实证分析的基础上，综合考虑政府、学校、企业等利益相关者的利益诉求，提出针对性的对策建议：一是发挥政府主导作用，创新产教融合工作模式；二是推动行业健康发展，搭建校企合作桥梁纽带；三是强化企业责任担当，构筑校企合作坚实保障；四是深化校企深度合作，切实提高人才培养质量。

附录为访企拓岗促就业案例。在全国范围内遴选优秀的访企拓岗促就业典型案例，凝练可以复制的模式与经验并进行大范围推广，切实深化高职院校与企业的合作，提高人岗匹配度，开拓更多就业创业岗位和机会，有效解决高职院校人才培养和产业人才需求间的供需矛盾，促进毕业生更加充分、更高质量就业。

第二章 理论基础

第一节 核心概念

厘清核心概念的内涵是研究职业教育校企合作质量的前提和基础，本节基于校企合作特征，对“职业教育”“高等职业教育”“校企合作”“校企合作质量”四个核心概念进行阐述。

一、职业教育

职业教育是与经济社会发展联系最为紧密的教育类型，具有跨界性特征。职业教育由来已久，父亲将手艺教给儿子继承、师父带学徒传授技艺、官办工坊中学徒学艺等形式都是我国古代职业教育的常见表现形式。按照联合国教科文组织和国际劳工组织的解释，职业教育的概念包含了技术教育、职业教育和培训三个层面的内容，是“大职业教育”，且是终身教育的一个有机组成部分。

国内学者对职业教育的内涵持有不同的观点，主要可以分为四类：一是从职业教育的本质来定义，如杨金土认为职业教育是一种能提供更多选择，能够满足不同受教育者需求的教育；二是从职业教育人才培养目标来定义，如顾明远和梁忠义认为，职业教育是教授受教育者在特定行业中所需要的知识、技能，培养合格的职业人；三是从职业定向角度理解职业教育，如欧阳河认为，职业教育是教授受教育者岗位所需的知识、技能，更好找准职业定向；四是从教育活动来理解职业教育，如张家祥与钱景舫认为，职业教育是在学校进行的一种教育活动，旨在教授受教育者知识与技能。

《中华人民共和国职业教育法》在第一章第二条对职业教育做了明确的定义：“本法所称职业教育，是指为了培养高素质技术技能人才，使受教育者具备从事某种职业或者实现职业发展所需要的职业道德、科学文化与专业知识、技术技能等职业综合素质和行动能力而实施的教育，包括职业学校教育和职业培训。”本研究根据此定义并结合专家学者们对职业教育内涵的理解，融入职业教育的特征，开展校企合作质量研究。

二、高等职业教育

发达国家和地区都非常重视高等职业教育，如美国、加拿大的社区学院，德国、日本的高等专科学校，澳大利亚的 TAFE 学院等，这些学院主要培养高技术应用型人才。《中华人民共和国职业教育法》对职业学校进行以下分类：“职业学校教育分为中等职业学校教育、高职院校教育。中等职业学校教育由高级中等教育层次的中等职业学校（含技工学校）实施。高职院校教育由专科、本科及以上教育层次的高职院校和普通高等学校实施。”可见，高等职业教育是为服务建设现代化经济体系和实现更高质量、更充分就业需要培养高素质技术技能人才、能工巧匠和大国工匠，为经济社会发展提供有力的人才和智力支撑。

姜大源从类型和层次两个维度，厘清了高等职业教育的定位，从哲学和教育学的角度诠释了其内涵。教育类型是指基于相同教育特征的教育种类，教育层次则指的是基于递进教育结构的教育范畴。

教育类型不同主要有两个标志。第一，培养目标不同。无论是中等职业教育还是高等职业教育，都是以服务发展为宗旨、以促进就业为导向的教育，因此，对职业教育来说，就业导向的培养目标是显性存在的。而无论是普通中等教育还是普通高等教育，就业导向的培养目标是非显性存在的。第二，课程内涵不同。职业教育的规律集中体现在致力于实现职业教育培养目标，不同于普通教育基于学科知识系统化的静态的课程结构，职业教育的课程结构是基于工作过程系统化的动态的结构。《国际教育标准分类》将高等教育阶段面向“理论基础、研究准备、进入需要高技术要求专门化”的普通高等教育称为 5A 教育，与之相应的是基于知识储备的课程；将面向“实际的、技术的、职业的”高职职业教育称为 5B 教育，与之相应的是基于知识应用的课程。

教育层次不同也有两个标志。第一，教育功能的差别。高等职业教育的教育功能比中等职业教育“高”，体现在高等职业教育的毕业生所从事的工作岗位的综合、全面程度及其所显现的责任、功能价值，高于中等职业教育毕业生所从事的工作岗位，实质上反映了工作过程复杂程度的高低。第二，教育内容的差别。高等职业教育的教育内容比中等职业教育“高”，体现在高等职业教育毕业生要有能力驾驭策略层面的工作过程，而中等职业教育的毕业生一般只需要有能力把握经验层面的工作过程，实质上反映了工作深广程度的大小。

因此，高等职业教育在教育类型上属于职业教育，是国民教育系统中不可或缺的教育类型；在层次上属于高等教育，在国民教育体系中具有层次的不可替代性。

三、校企合作

1987 年，世界合作教育协会对产学合作教育做出了规定性表述，其中一条就有校企合作，可见，校企合作源于合作教育。加拿大合作教育协会将合作教育解释为，一种将校内的学习与校外真实的工作经历结合在一起的教育策略，学生在校外的工作往往与他们在校内所学知识有直接的联系；一种将课堂学习和与学生所学知识有关的校外工作分阶段结合起来的教育方法；一种将学生参加真实工作作为常规，并使其成为课程设置中必不可少的一部分的教育计划。

近年来，国内学者对“校企合作”的概念进行了广泛深入的研究，其中，余祖光认为，职业教育机构和产业界在人才培养和社会服务领域开展的各种平等互利的合作活动就是校企合作。夏建国认为，所谓的校企联合人才培养，是指高校和企业在各自不同利益基础上为寻求共同发展、谋求共同利益而开展的合作教育活动。姜大源认为，职业教育可以通过校企合作这一有效的“社会化”的办学模式，精准地面向两种需求，即有意识地将基于经济和社会发展需求的教育活动，与基于人格和个性发展需求的教育活动，有机地融合在一起，以使得人力资源供给侧的职业教育的改革，能够始终紧随产业、行业和企业的发展而发展，不断更新教学内容，不断创新教学形式，不断引入新的教学手段。这就避免了纯学校形式或纯企业形式的教育活动容易造成社会需求与教育供给脱节的现象。《职业学校校企合作促进办法》中将校企合作定义为职业学校和企业通过共同育人、合作研究、共建机构、共享资源等方式实施的合作活动。

本研究对校企合作做如下界定：校企合作是指由政府、学校、企业、学生共同参与，同时发挥企业的重要办学主体作用，推动企业深度参与人才培养全过程，旨在提高高职教育人才培养质量，培养多样化人才、传承技术技能、促进就业创业的一种办学模式。

四、校企合作质量

质量的内涵十分丰富，从哲学的角度看，质量是事物的本质。某个事物之所以被认为是该事物，主要受其质量决定。即由其最低限度的内涵指标和最高限度的内涵指标决定的。超出最高限度的内涵指标便成为他种事物，低于最低限度的指标也不再是该事物。从市场营销的角度看，美国著名的质量管理专家朱兰认为产品质量就是产品的适用性，即“产品在使用时能成功地满足用户需要的程度”，强调产品的质量主要通过能否满足顾客需要来判定。克劳斯比则把质量概括为“产品符合规定要求的程度”，其中的“要求”必须被明确的表达（转化为一组可测量的特性参数），以致不被误解，然后应该不停地加以测量。从质量管理的角度看，2000 年国际标准化组织对质量的定义作了进一步修改，定义为:“一组固有特性满足要求的程度。”虽然各个学科对质量的表述有所差异，但内核一致。一个事物能否满足适时的要求或者满足要求的程度完全取决于事物的内在规定性。即事物的质量就是事物的内在规定性，质量好就是这种内在规定性满足要求的程度高，质量不好就是满足要求的程度低。但由于同一种事物在不同时期有不同的内部规定性，并且使用要求总是随着工作环境、时代主题、科学技术、市场竞争等因素发生变化，因而，质量本身呈现多元性和层次性，并且是不断变化、更新的动态过程，随着市场、技术和行业的发展而不断丰富内涵。

校企合作质量是指对校企合作活动的测量、表征与评判，是校企合作活动满足学生、企业、教师、教育管理者、政府、家长等各方参与者的需要的程度。职业教育校企合作可以划分为三个发展层次，处于不同的发展层次，呈现出不同的特点，也在一定程度上代表了校企合作的质量。

（1）初级发展层次，主要解决企业用工和职业院校学生技能学习、顶岗实习等问题。这一阶段的校企合作主要表现为职业院校和企业主要就教学或教学建设的某一方面开展合作，如提供就业岗位和实习岗位、与学校合作开展员工培训、制定专业人才培养方案、建设实习实训基地、开展产品研发及技术服务等。这一阶段校企合作的目标更侧重于满足企业的用工需要。

（2）中级发展层次，随着校企合作关系的进一步深入，校企双方更加关注人才培养质量和产品质量的提升。校企双方根据自身资源优势及需要，共同投入人力、物力、财力，建立校企合作平台，并依托平台通过订单班、学徒制等形式，共同开展专业建设、培养学生、进行员工培训。这一阶段的合作强调校企全程参与人才培养全过程，校企可依据投入与承担的职责大小分享校企合作的成效，是一种紧密和全方位的合作。

（3）高级发展层次，职业院校与企业深度融合，建立起一个可持续发展的良性循环机制，成为命运共同体，实现办学效益的整体提高。这一阶段的合作由校企双方依据合作企业的人力资源规划确定合作的专业及招生计划，并根据企业的用人要求，共同制定专业人才培养标准、人才培养方案及课程教学标准，符合毕业条件的学生全部到合作企业就业，满足企业、学校、学生等多方利益相关者的诉求。

第二节　相关理论基础

本节重点阐述利益相关者理论、投入—过程—产出理论、三螺旋理论的建立与发展，为后续研究校企合作质量奠定理论基础。

一、利益相关者理论

（一）利益相关者的定义

利益相关者理论最早出现在 20 世纪 60 年代，多用在经济学与管理学相关领域。利益相关者的理论源头是潘罗斯撰写的《企业成长理论》一书，这是利益相关者理论的基础。1963 年，斯坦福大学研究所提出“利益相关者”一词，这是首次对利益相关者的内涵界定，认为利益相关者是企业不可缺少的一部分，没有他们的支持组织就是不能存在的群体。1984 年，美国学者弗里曼为利益相关者界定了经典概念，认为利益相关者是影响一个组织目标实现的所有个体和群体，他强调让不同的利益相关者参与，进行企业的管理战略的制定与实施，从而标志着利益相关者理论正式形成。斯蒂芬・P. 罗宾斯在《管理学》一书中也给出了利益相关者的概念，即组织外部环境中受组织决策和行动影响的任何相关群体，这些相关群体与组织息息相关，或是组织行为会对他们产生重大影响。反过来，这些群体也可能影响组织。

（二）利益相关者理论的发展

在利益相关者理论发展的历史上，出现了三个里程碑式的重要概念，它们标示着利益相关者理论发展的三次跨越、利益相关者责任认识的四次飞跃和利益相关者赋权的两次提升。这三个概念就是“利益相关者影响”“利益相关者参与”和“利益相关者共同治理”。

“利益相关者影响”研究阶段，研究内容主要聚焦在组织与利益相关者的相互影响、利益相关者对组织战略及其绩效的影响上。这一阶段斯坦福研究中心的研究人员在 1963 年的内部备忘录中首次提出了“利益相关者”概念，并界定为没有它们的支持组织就不能存在的团体。

“利益相关者参与”发端于 20 世纪 70 年代中期，美国经济学家蒂尔评论说，“我们原本只认为利益相关者的观点会作为外因影响公司的战略决策和管理过程，变化表明我们今天正在从利益相关者影响迈向利益相关者参与。”

“利益相关者共同治理”起始于 20 世纪 90 年代初期，自 1989 年阿尔卡发基和阿巴斯在《公司治理的利益相关者方法》一书中提出借鉴德国公司的合作治理模式开始，一些学者陆续就公司治理中的利益相关者合作问题展开研究，在 20 世纪末期促成了利益相关者共同治理观的形成与发展。

（三）利益相关者的分类

1997 年，米切尔与伍德等从利益相关者的历史发展出发，指出了利益相关者的两个核心问题：一是利益相关者的确认，二是利益相关者特征的描述，并开创性地采用评分法对利益相关者进行分类。他认为，企业所有的利益相关者必须具备以下三个属性中至少一种，即合法性、权利性以及紧迫性。其中合法性是指某一群体是否被赋有法律上的、道义上的、特定的对于企业的索取权；权利性是指某一群体是否拥有影响企业决策的地位、能力和相应的手段；紧迫性是指某一群体的要求能否立即引起企业管理层的关注。依据这三个属性对利益相关者进行评分，根据分值来将企业的利益相关者分为以下三种类型。

一是确定型利益相关者，同时拥有合法性、权力性和紧迫性。他是企业首要关注和密切联系的对象，为了企业的生存和发展，企业管理层必须关注这些利益相关者的利益关切，并设法加以满足，包括股东、雇员和顾客。

二是预期型利益相关者，他们与企业保持较密切的联系，拥有三种属性中任意两种。第一种是同时拥有合法性和权利性的群体，他们希望受到管理层的关注，往往也能达到目的，在有些情况下还可以正式参与到企业的决策过程，如投资者、中级雇员和政府部门等；第二种是有合法性和紧急性的群体，但没有相应的权力来使企业满足他们的要求，这种群体想要达到目的，需要赢得其他更强有力的利益相关者的拥护，或者寄希望于管理层的善行，他们通常采用的办法是结盟、参与政治活动、唤醒企业管理层的良知等，如媒体、社会组织等；第三，对企业同时拥有紧急性和权力性的，却没有合法性的群体，这些人对企业而言是非常危险的，他们常常通过暴力来满足要求，比如，一些政治和宗教的极端主义者、激进的社会分子等，他们往往会通过一些比较暴力的手段来达到目的。

三是潜在型利益相关者，他们只具备合法性、权力性、紧急性三种属性中的一种。只拥有合法性但缺乏权力性和紧急性的群体，随企业的运作情况而决定是否发挥其利益相关者的作用，这些群体可能包括普通雇员。只有权力性但没有合法性和紧急性的群体，处于一种蛰伏状态，当他们实际使用权力，或者是威胁将要使用这种权力时被激活成一个值得关注的利益相关者，这种群体可能包括一般的媒体和社会组织等。只拥有紧急性，但缺乏合法性和权力性的群体可能包括企业所在地周围的居民。

（四）职业教育的利益相关者

胡赤弟提出由三类利益相关者组成的大学模型：教师、学生、出资者、政府等，是大学的权威利益相关者；校友捐赠者和立法机构是潜在的利益相关者；市民、媒体、企业界、银行等是第三层利益相关者。在上述模型中，当大学教授团体掌握大学的控制权时，大学行政人员主要代表大学教授的利益，因此，大学表现出社团模式；当大学的出资者掌握大学的控制权时，大学行政人员主要代表大学董事会的利益，大学表现出董事会模式；当学生掌握大学的控制权时，大学行政人员主要代表学生的利益。大学的行政人员，特别是高级行政管理人员是大学政策的具体执行者，但是，真正影响大学政策的则是利益相关者，其中，掌握控制权的利益相关者对学校的影响最大。

职业教育是跨界的教育，因此，在职业教育领域引入利益相关者理论，有利于从更为全面的视角深入研究各利益相关者对当前职业教育的利益诉求，进而探求新时代职业教育高质量发展的评价因素和影响因素。

职业教育利益相关者是指影响职业教育发展或受职业教育发展影响的团体或个人。众多学者从不同的维度对职业教育的利益相关者进行了分类。檀钊将利益相关者分为直接利益相关者、间接利益相关者和准利益相关者，其中，直接利益相关者包括教师、学生、行政管理者、政府、合作单位和用人单位；间接利益相关者包括学生家庭、中介机构、同类院校和行业组织；准利益相关者包括潜在的学生及家庭、有合作意向的单位等。李名梁将职业教育的利益相关者分为核心层和外延层两个层次，其中核心层主要包括教师、学生和职业院校管理者，外延层包括政府、企业、媒体、社区、职业教育联合会以及第三方独立机构。

本研究根据米切尔提出的界定利益相关者的分析方法，对职业教育教学活动过程中的利益相关者进行大致分类，包括政府、学校、学习者以及以企业为主的产业界。不同利益相关者为了使自己的想法或利益合法化，对职业教育教学活动会持有不同的需要和质量观。具体来讲，对政府而言，职业教育教学活动是发挥统治职能和公共职能的需要；对学校而言，职业教育教学活动是专业建设和院校发展的需要；对学习者而言，旨在立德树人、养成职业素养和提高可持续发展能力的需要；对产业界而言，职业教育教学活动是组织人力资源开发的需要。

二、三螺旋理论

（一）三螺旋理论的定义

三螺旋概念于 20 世纪 50 年代初最先出现在生物学领域。20 世纪 90 年代中期，纽约州立大学的社会学家亨利・埃茨科威兹和阿姆斯特丹科技学院的罗伊特・雷德斯多夫在三螺旋概念基础上提出了著名的官、产、学三螺旋理论，来分析在知识经济时代政府、产业和大学之间的新型互动关系。即政府、企业与大学是知识经济社会内部创新制度环境的三大要素，它们根据市场要求而联结起来，形成了三种力量交叉影响的三螺旋关系，这就是所谓三螺旋理论。被学界认为开创了一个创新研究的新领域、新范式。

三螺旋理论主要来源于大学、政府与产业三者关系之间的有效转变，彼此之间相互独立但是又相互依赖，大学—产业—政府三个主体之间的有效互动是促进社会创新发展的重要因素。三螺旋理论中的产业主要聚焦于日常生产发展；政府主要聚焦于促进不同主体之间的相互交流与沟通；大学主要促进知识经济的发展，作为知识与技术的发源地。三螺旋理论的关键要素是促进大学、政府、产业三个不同主体既可以保持一定的独立性，还可以实现三者之间的有效融合与发展。由于彼此之间的相互联系与有效合作，可以支持螺旋中的其他主体产生一定创新性，形成合力共同发展的新局面。三螺旋理论的根本意义在于促进大学、政府、产业在宏观层面上实现战略合作发展，注重以知识为基础促进创新驱动升级。

（二）三螺旋理论的发展

在知识经济发展的社会背景下，作为知识生产方的学校和知识应用方的企业之间应该建立起更加密切的合作关系，这种关系建立的基础是得到政府的大力支持。2000 年，亨利·埃茨科威兹等提出了学校、产业和政府之间的三种模式——“国家主义模式”“自由主义模式”和“三重螺旋模式”。“国家主义模式”强调以政府为主导，“自由主义模式”大学、企业和政府的边界比较清晰，“三重螺旋模式”强调大学、企业和政府之间相互交叉、相互作用的关系。“三重螺旋模式”为研究国家知识创新体系和校企合作提供了重要的理论模型,广泛应用于研究世界各国的校企合作关系。“国家主义模式”主要应用于苏联以及一些欧洲国家和拉丁美洲国家，“自由主义模式”主要出现在瑞典和美国，而韩国则经历了由“国家主义模式”向“三重螺旋模式”的转变。

此后，随着校企合作的实践发展和相关研究的不断丰富，研究者们运用“三重螺旋模式”对校企合作进行了大量的研究，并在此基础上对模型进行了理论创新。三螺旋理论强调了“大学一产业一政府”通过密切合作相互作用可以创造更大的社会价值。“大学一产业一政府”创新主体的关系相互独立又相互作用，由原来浅层次的松散合作关系向深层次的协同创新关系发展，三大创新主体之间以人员、信息和产品流动为特征的相互作用和运行机制，体现了固定的生成原理、静态表现和动态演化特征。三大创新主体不强调以哪一方为主体，三者都可以是创新的组织者、主体和参与者，无论以哪一方为主，最终都会形成动态三螺旋，推动各种创新活动的深入开展。

（三）三螺旋理论在校企合作研究中的应用

叶鉴铭认为三重螺旋理论强调大学、产业、政府都可以是创新的组织者、主体和参与者。在校企一体化中主体关系之间存在着不尽相同的动力因素，而且这些动力因素相互影响、相互制约。从校企一体化的系统关系及其动力因素来看，大学、企业、政府三类主体在校企一体化进程中基本动力因素没有改变，构建校企一体化动因机制的主体也应该紧紧围绕大学、企业和政府这一主体。翟希东提出了基于三螺旋理论的职业教育本科产教融合人才培养模式，并对其培养目标确立、培养过程实施和评价反馈机制进行了论述。通过政府、企业和学校的相互融合、有效协作，形成人才培养的合力，实现学生对知识理论和技术技能的认知、获得、实践、领悟及创新，并不断循环重复这一过程，使学生的能力培养和素质培育呈现出螺旋上升的积极效果。修南在对比分析波兰莫拉维茨基计划、日本国家创新体系建设、马来西亚三螺旋创新结构模式的基础上，认为中国应从深入理解三螺旋理论体系，完善校企政合作框架、深入分析校企政的权责，调整政策内容、遵循产教融合的现有条件，发展三螺旋体系、注重三螺旋体系的质量，建立监督与评价机制等理论体系、政策内容、体系构建、质量保障，进一步完善中国产教融合制度，进而构建具有中国特色的三螺旋体系。

三、投入—过程—产出模型

（一）投入—过程—产出模型定义

Halkman 在 1983 年提出投入—过程—产出（Input-Process-Output）模型，简称 IPO 模型，旨在对教学团队在虚拟环境中运作的三个环节进行分析。其中，投入是指一些影响团队效能的结构因素，如团队的结构与规模、目标与原则、技术支持与保障、成员角色配合等；过程主要是指团队成员之间在完成任务过程中形成的互动，包括如何设置具体任务、采用何种工作方式、如何进行工作管理、如何沟通协作、如何建立工作关系、如何进行工作反思等；产出是指团队工作的绩效，涉及任务完成的质量和数量以及成员的情感反应。该模型描述了团队设计、团队运作过程和团队效能之间的关系。

IPO 模型是应用较广的理论模型之一，该模型基于系统论的视角分析活动的整个流程，它常常被运用在教育评估、组织系统流程再造、团队和组织管理等方面。在高职院校校企合作质量研究中采用 IPO 模型，是符合客观规律、具有可行性的。

（二）IPO 理论模型在本研究中的应用

国内学者对教育质量的评价常运用到“投入—过程—结果”框架。吕红艳在学生发展理论指导下，建立硕士研究生“投入—过程—输出”研究框架，建立教育质量评价指标体系。闫晓勇基于 IPO 模型建立高校教师绩效考核指标体系，从投入、过程和产出三方面考查高校教师工作的全过程，更全面地反映教师的工作绩效。程俊等从输入质量评价、过程质量评价、结果质量评价三方面建立本科生教育 IPO 质量评价模型和指标体系。

本研究拟选择 IPO 教育评价模型为理论基础，结合高职院校校企合作建设实际，开展对高职院校校企合作质量的研究。

第三节　平 台 开 发

2019 年 12 月，国务院发布的《国家职业教育改革实施方案》（简称职教 20 条）提出职业教育要对接科技发展趋势和市场需求，加强校企全面深度合作，适应“互联网 + 职业教育”发展需求，大幅提升新时代职业教育现代化水平。2020 年 9 月，教育部、国家发展改革委等九部门联合印发《职业教育提质培优行动计划（2020—2023 年）》，要求深化职业教育产教融合、校企合作，实施“三教”改革攻坚行动，提升职业教育信息化建设水平。习近平总书记在 2021 年全国教育大会上，对教育工作提出了“加快教育现代化，办好人民满意的教育”的总要求，指出教育信息化是教育现代化的内生动力。同年 10 月，中共中央办公厅、国务院办公厅印发《关于推动现代职业教育高质量发展的意见》，强调职业学校要主动吸纳企业深度参与职业教育，合作共建新专业、开发新课程，推动现代信息技术与教育教学深度融合，提高课堂教学质量。我国正实施国家教育数字化战略行动，怀进鹏部长在国家教育行政学院 2022 年春季开学典礼时提出，要聚焦数字中国，大力实施教育数字化战略行动。按照“需求牵引、应用为王、服务至上”的原则，切实以教育信息化推动教育高质量发展。教育部整合各类资源推出了国家智慧教育平台，以数字化带动教育转型升级。教育部职业教育与成人教育司在《关于 2022 年职业教育重点工作介绍》中提出以平台升级、资源开发为内容，以条件硬化、应用优化、质量强化为目标，建设专业教学资源、开放课程、虚拟仿真实习实训等中心，以数字化转型整体驱动教学模式和治理方式变革，启动职业学校信息化标杆学校建设试点，不断夯实职业教育信息化工作基础，服务职业教育高质量发展。

为贯彻职业教育重要文件的精神，以信息化带动职业教育现代化，课题组开发校企合作平台，推动高职院校在信息技术支撑下展开与企业的合作，增强职业教育适应性，为经济社会发展的新格局培养高水平人才。

一、平台开发缘起

近年来，新一轮科技革命和产业变革深入发展，数字化、网络化、智能化赋能经济社会发展作用凸显。为加快推进数字经济、数字社会、数字政府建设，推动各领域数字化优化升级，教育部多措并举，加快推进教育数字化，充分发挥数字技术对教育高质量发展的作用，以教育信息化引领教育现代化。职业教育作为国民经济结合最紧密、距离产业最近的教育类型，受数字时代影响最大，更需要用数字化的手段支撑职业教育决策，提升职业教育的竞争力和吸引力。目前，职业教育已经建立了“四大”系统平台：高职状态数据采集管理系统、专业设置与公共信息服务系统、中职学生管理系统、中职学校管理系统。基于此，为提升高职教育校企合作质量，本研究选择在高职人才培养状态数据平台中，基于利益相关者的视角开发校企合作平台，通过数据采集和监测，深入研究我国高职教育校企合作的成效。

（一）建立校企合作数据库

按照“升级平台、充实资源、完善机制”的思路，以“服务教学、服务教师、服务学生、服务考核评价、服务行政管理”为导向，融入以“1 个职教大脑·数字驾驶舱系统、2 个二级平台、4 个子系统和 4 个分中心”为主体的“国家职业教育智慧教育平台”，建立企业基础数据表，体现高职院校跟哪些企业合作，与什么样规模的企业合作，在哪些专业合作，合作方式有哪些等。具体包括以下指标要素：企业的统一社会信用代码、企业名称、投资方式、注册类型、企业规模、在岗职工人数、所属行业、年营业额、企业地址、所在地（省份和地市）、是否产教融合型企业、主要合作专业名称（全称）、主要合作专业代码、是否签订合作协议、是否在企业建立校外实训基地、是否参与人才培养、合作开始日期（年月）等，见表 2-1。

（二）确保访企拓岗有效性

2022 年，《教育部办公厅关于开展全国高校书记校长访企拓岗促就业专项行动的通知》（教学厅函〔2022〕3 号）印发，明确指出，为加快健全高校毕业生市场化社会化的就业创业工作机制，千方百计开拓更多就业创业岗位和机会，深入落实就业工作“一把手”工程，教育部决定开展全国高校书记校长访企拓岗促就业专项行动。鼓励高校书记院长主动走进园区、走进行业、走进企业，与相关单位建立就业合作渠道，同时，邀请用人单位到学校招聘人才，为毕业生挖掘更多岗位资源，提供更多优质和精准的就业信息。教育部明确要求,高等职业院校(含本科层次职业院校)要坚持实地走访为主，“走出去”和“请进来”相结合，每所学校书记(校长、院长)正职共拜访用人单位原则上不少于100家。为确保专项工作取得成效，促进高职院校毕业生更高质量更充分就业，在企业数据表的基础上，课题组开发了高职院校书记(校长)进企业系列字段，从走访的企业名称、访谈的事项、企业对毕业生的需求情况、访谈成果的主要形式、访企拓岗促就业情况、其他达成意向的合作等方面设计了书记院长走访企业专项数据表，见表2-2。

同时，设计了企业家进校园专项数据表，包括来访企业名称、来访时间、访问方式、访谈主要事项、企业对毕业生需求情况、访谈成果主要形式、接受学生实习就业情况、其他达成意向的合作等指标要素，见表2-3。

二、平台开发思路

校企合作质量是高职教育高质量发展，增强适应性的重要表现。将校企合作质量评价的相关指标以字段的形式呈现在全国高职院校状态数据检测中心平台上，将有利于提高校企合作成效，促进人才培养供给侧与需求侧精准对接，提高高职院校毕业生就业质量。平台开发的思路主要从两个方面考虑，一是校企合作相关指标和数据嵌入人才培养状态数据平台，二是平台要满足校企合作利益相关者的利益诉求。

(一)嵌入人才培养状态数据平台

高等职业院校人才培养工作状态数据采集平台应评估而产生。为推动教育行政部门全面宏观地对高等职业院校进行管理，加强对高等职业院校人才培养工作的评估，2008年4月《教育部关于印发〈高等职业院校人才培养工作评估方案〉的通知》(教高〔2008〕5号)颁布，要求所有独立设置的高等职业院校需每年度填报高等职业院校人才培养状态数据平台(以下简称“状态数据平台”)，教育部高度重视状态数据平台的数据采集工作，组织专门的机构和学校共同研究平台，同时，每年都会定期组织专业培训以提升数

表 2-1　企业基础数据

序号	统一社会信用代码	企业名称 *	投资方式 *	注册类型 *	企业规模 *	在岗职工人数 *	所属行业 *	年营业额	企业地址 *	所在地 *		是否产教融合企业 *	主要合作专业名称（全称）*	主要合作专业代码 *	是否签订合作协议 *	是否在企业建立校外实训基地 *	是否参与人才培养 *	合作开始日期(年月)*
										省份	地市							
										从省市库勾选		勾选	从专业表勾选		勾选	勾选	勾选	

表 2-2　书记校长走访企业专项数据

序号	牵头拜访人 *	职务 *	拜访时间 *	拜访方式 *	走访企业名称 *	企业接待人姓名 *	接待人职务 *	访谈主要事项 *	企业对毕业生需求情况 *				访谈成果主要形式 *
									需求专业名称	需求专业层次	可提供岗位数	平均薪酬 /（元 / 月）	
			日期型		来源企业表				来源专业目录	勾选			

其中，访企拓岗促就业情况								典型案例[7]（150 字）	其他达成意向的合作[8]	新闻链接[9]
接受学生实习情况				接受学生就业情况（与就业、走访验证）						
专业名称	专业层次	人数	实习报酬 /（元 / 月）	专业名称	专业层次	人数	起薪线 /（元 / 月）			
勾选	自动			勾选	自动					

表 2-3　企业家进校园专项数据

序号	来访企业家姓名 *	职务 *	来访企业名称 *	来访时间 *	访问方式 *	学校接待人 *	接待人职务 *	访谈主要事项 *	企业对毕业生需求情况 *				访谈成果主要形式 *
									需求专业名称	需求专业层次	可提供岗位数	平均薪酬（元 / 月）	
			来源企业表	日期型					来源专业目录	勾选			

其中，接受学生实习就业情况								典型案例	其他达成意向的合作	新闻链接
接受学生实习情况				接受学生就业情况（与就业、走访验证）						
专业名称	专业层次	人数	实习报酬 /（元 / 月）	专业名称	专业层次	人数	起薪线 /（元 / 月）			
勾选	自动			勾选	自动			150 字		

据的科学性。目前已经形成了上百亿条数据的高职院校人才培养工作状态数据库，为教育行政部门宏观管理高职院校提供了强有力的数据支撑。从2008年开始采集状态数据平台起，经过15年的时间，平台由单机版升级为网络版，逐步建立了数据内涵解析规范、数据稳定性高、安装便捷的平台系统，适应大数据发展，实现了数据从局部应用到全方位应用。

1. 状态数据平台的功能定位

高职数据监测中心为数据分析和应用提供了平台。高职院校进行状态数据采集之后，上报到高职数据检测中心，进行数据支持度、置信度、发散度、达标率的分析，以监测上报数据的完整性以及奇异性。同时，数据中心还可以将办学条件指标数据和案例分析指标数据与同类院校、本省乃至全国中位数进行核心指标的全方位数据对比，精准地查询到全国高职院校专业相关信息、就业分析、师资分析等数据。

对教育行政部门来说，状态数据是为教育行政部门作出宏观决策、推进重大项目、建设教育部职教大脑“职业教育决策支持中心”等提供重要的数据参考。例如，在“双高计划”项目申报中，有大量的学校基本数据、专业群建设的数据均来自数据平台。《中国高等职业教育质量年度报告》中的记分卡、教学资源表、国际影响表、服务贡献表、落实政策表五张表中的绝大多数数据都源于状态数据平台。例如，江苏、山东等省级层面开展高职院校高质量发展考核，考核方案中部分考核指标数据来源于状态数据平台。

对高职院校来说，状态数据是帮助各高职院校全面及时掌握人才培养工作状态、推进“三教改革”、提升治理效能的重要抓手。学校可以通过观测状态数据进行横向和纵向对比，了解全国各高职院校有关专业、教师以及学生等方面的具体情况，同时，还可以查询学校在校生数量、比例与同类院校中位数、全省中位数、全国中位数、国家示范校中位数、国家骨干及省示范校中位数对比，使学校能及时了解办学规模的大致情况。例如，高职院校可以通过状态数据平台全面掌握在校师生情况、机构设置、师资队伍等，从而对学校的学生规模、教师队伍进行合理规划。再如，全面掌握学校的基本办学条件，了解学生平均占地面积、宿舍面积、教学行政用房指标等，可以确保学校在办学条件达标的同时，实现资源利用最大化。

对研究机构来说，状态数据是对高等职业院校“三教”改革、产教融合、学生成长、社会服务等方面全面的质量评价，能为各研究院所提供多个维度的数据支撑，帮助其完成数据调研和实证研究。通过对数据进行整理、分析，形成在办学理念、发展战略、学校特色、资源管理、财务状况、专业设置、市场需求、校企合作等方面的研究结果，从而为教育行政部门、高职院校提供决策建议，提高高职院校的管理和决策水平、凸显办学特色、优化资源配置、提高人才培养质量。

2. 校企合作数据嵌入状态数据平台

之前校企合作的相关评价指标在状态数据平台和质量年报的量表中相对分散，分布在不同的表单中。例如，状态数据平台有 7 个与校企合作相关的指标，分别在 7 个表中。其中，校外实习实训基地在表 4.2 中，校外兼职教师基本情况在表 6.3.1 中，校外兼课教师基本情况在表 6.4.1 中，专业负责人情况在表 7.1.3 中，顶岗实习情况在表 7.4 中，产学合作基本情况在表 7.5.1 中，现代学徒制培养在表 7.5.2 中。职业教育质量年度报告与校企合作相关的指标有 8 个，分布在 3 个表中。其中，在校生服务“走出去”企业实习时间在表 4 中，横向技术服务到款额、横向技术服务产生的经济效益在表 5 中，企业提供的校内实践教学设备值、生均企业实习经费补贴、生均企业实习责任保险补贴、企业兼职教师年课时总量、年支付企业兼职教师课酬在表 6 中。

2022 年的状态数据平台整合数据字段，覆盖质量年报、需求评估等业务的大部分数据项，采用“基础数据 + 专项数据”架构，其中，基础数据覆盖学校、专业、课程、教师、学生及企业 6 个方面，共 18 张表；专项数据分教学运行、顶岗实习、教材建设等 20 个专项，共 48 张表。基础数据保持相对固定，将学校各项工作及职业教育关注重点作为专项数据，每年按需调整。

至此，校企合作的相关指标被整合在一个基础数据表（企业基础数据表）中，建立起校企合作数据库，并相对稳定下来。企业基础数据表与专项数据表中，与专业相关的字段均来自于状态数据的其他模块的数据。

（二）满足利益相关者的利益诉求

职业教育校企合作的核心是实现职业教育办学主体多元化，形成由政府部门、职业院校、企业、行业、教师、媒体、学生、家长和社会团体等利益相关者共同参与的职业教育人才培养新模式。本研究根据米切尔提出的界定利益相关者的分析方法，即合法性、权力性和紧急性，对高职校企合作过程中的利益相关者进行大致分类，包括四方面主体，即政府、学校、企业、学生。不同利益相关者为了使自己的想法或利益合法化，对校企合作会持有不同的需要和质量观。因此，平台的开发要能体现政府、学校、企业、学生等不同利益相关者对校企合作的利益诉求。

从政府的视角看，政府是高职教育的财政投入者，要求高职院校为经济社会发展培养高素质技术技能人才，促进就业，改善民生。弗里曼在 1987 年指出，校企合作是一种国家行为，这种国家行为对国家经济发展和竞争力的提高起到了巨大的作用。因此，政府的政策干预和制度支持在校企合作中发挥了重要作用。

从学校的视角看，学校是校企合作的参与主体之一，希望通过校企合作，为学生提供更多的实习实训场所和就业岗位，弥补学校在资金、设备、技术、师资等方面的不足，掌握企业的用人需求，提高人才培养质量，提升“双师”教师素质，推动专业建设，提升办学竞争力，提高服务社会发展的能力和水平。

从学生的视角看，学生希望通过校企合作，了解企业文化，接触企业先进的设备、技术与生产环境，获得未来工作所需要的能力和素质，提前适应职业岗位，积累工作经验，获得工作报酬，增加就业机会，提升个人可持续发展能力，为成为企业合格员工、社会需要的合格公民奠定扎实基础。

从企业的视角看，企业是校企合作的参与主体之一，企业希望通过校企合作，实现人力资源开发，获得先进的理念、优秀的技术技能人才，得到需要的技术创新支持，获得好的社会效益，减轻员工负担，提升管理水平和员工的工作能力，从而产生更多的生产效益，推动企业本身转型升级和高质量发展。

因此，2022 年人才培养状态数据平台中的基础数据覆盖到了学校层面、政府层面、学生层面和企业层面，通过数据展示政府、学校、企业、学生等不同利益相关者对校企合作的利益诉求。

第四节　指 标 内 涵

科学的校企合作质量评价指标是高职院校提高人才培养与用人需求契合度，提高就业质量的重要载体。企业基础数据表和访企拓岗专项数据表指标的设计，旨在引导职业教育以“投入—过程—产出”理论为指导，不断满足职业教育校企合作各利益相关者的不同诉求，最终达到提高校企合作质量的目标。

一、指标设计思路

基于利益相关者理论和“投入—过程—产出”模型，可以把影响职业教育质量的要素分为四个方面，即政府投入质量或履职质量、人才培养质量、院校管理质量和服务贡献质量。基于此，可以进一步细化不同利益相关者所关注职业教育某一具体质量的维度。其中，政府履职质量可包括政策落实、经费保障、专项引导、质量保障；人才培养质量可包括素质教育、就业质量、成长成才和创新创业；院校管理质量可包括专业建设、三教改革、信息技术、国际合作和治理能力；服务贡献质量可包括服务终身学习、服务区域发展、服务市场需求和服务国家战略。

因此，影响高职院校校企合作质量的关键要素包括校企合作各方投入、合作过程和产出三个方面。本研究聚焦各利益相关者在“投入”“过程”“产出”三个过程中，针对企业主体在人员、经费、设备、场地等环节的投入，以及学校、政府主体在政策、组织保障、经费等方面的支持，学生主体在就业、实习等方面的收获等对指标内涵开展研究。

二、指标内涵

人才培养工作状态数据管理系统服务平台中校企合作质量指标分为基础数据企业表和书记校长走访企业、企业家进校园两个专项数据表，如无特别说明，文中所有数据来源于此平台。

（一）企业基础数据表指标

企业基础数据表共 17 个指标，18 个指标要素。

（1）统一社会信用代码：原状态数据表中没有该项指标，是指企业营业执照上统一社会信用代码。用 18 位的阿拉伯数字或大写英文字母表示，由登记管理部门代码（1 位）、机构类别代码（1 位）、登记管理机关行政区划码（6 位）、主体标识码（组织机构代码）（9 位）和校验码（1 位）五个部分组成，是法人和其他组织的“数字身份证”，是管理和经营过程中法人和其他组织身份识别的手段。

（2）企业名称：该项指标在原数据平台的“7 专业 _7.5 产学合作 _ 7.5.1 产学合作基本情况”中，统一调整到企业基本信息表中。

（3）投资方式：原状态数据表中没有该项指标，指投入资本所采取的形式，该项指标只需要从平台中给出的内资企业、港澳台商投资企业、外商投资企业、事业单位拨款、政府财政预算 5 个选项中选择其一即可。

（4）注册类型：原状态数据表中没有该项指标。企业登记注册类型是以在工商行政管理机关登记注册的各类企业为划分对象，以工商行政管理部门对企业登记注册的类型为依据，将企业登记注册类型分为内资企业、港澳台商投资企业和外商投资企业三大类，对不在工商行政管理部门进行登记注册的行政机关、事业单位和社会团体，主要按其经费来源和管理方式进行划分。该项指标根据企业的注册类型，从平台给出的选项中单选一项即可，其中，内资企业分为国有企业、集体企业、股份合作企业、联营企业、有限责任公司、股份有限公司、私营企业、其他企业；港澳台商投资企业分为港、澳、台资合资、合作、独资经营企业、股份有限公司；外商投资企业分为中外合资、合作经营企业、外资企业、外商投资股份有限公司；事业单位拨款为事业单位；政府财政预算为机关行政单位。

（5）企业规模：原状态数据表中没有该项指标。企业规模是指按有关标准和规定划分的企业规模，一般分为特大型、大型、中型、小型、微型。2003 年 5 月，国家统计局根据原国家经贸委、国家计委、财政部和国家统计局四部委联合发布的《中小企业标准暂行规定》，制定了《统计上大中小型企业划分办法（暂行）》，并于 2003 年统计年报开始执行。该项指标根据企业的规模大小，从平台给出的大型企业、中型企业、小型企业、微型企业选项中单选一项即可。机关事业单位一般是套用行政机构的级别或者是用相当于行政机构的级别来确定，省级、厅级、县级、乡级分别对应大型企业、中型企业、小型企业、微型企业。

（6）在岗职工人数：原状态数据表中没有该项指标，是指企业在岗的职工总数，与企业规模息息相关。

（7）所属行业：原状态数据表中没有该项指标。按照国家国民经济行业分类标准（GB/T 4754—2017 国民经济行业分类）执行，行业分为农林牧渔业，采矿业，制造业，电力、热力、燃气及水生产和供应业，建筑业，批发和零售业，交通运输、仓储和邮政业，住宿和餐饮业，信息传输、软件和信息技术服务业，金融业，房地产业，租赁和商务服务业，科学研究和技术服务业，水利、环境和公共设施管理业，居民服务、修理和其他服务业，教育，卫生和社会工作，文化、体育和娱乐业，公共管理、社会保障和社会组织，国际组织。该项指标根据企业的注册类型所属行业，从平台给出的选项中单选一项即可。合作的企业名称、企业所属行业等指标通常和高职院校的办学优势与特色、专业布局密切相关。

（8）年营业额：原状态数据表中没有该项指标。若是企业单位，是指企业年度营业额；若是事业单位，是指事业单位年度总收入。该项指标根据企业的注册类型所属行业，需根据企业的实际情况填写。从 IPO 理论模型看，企业规模和年营业额是影响企业投入的重要因素之一，同时，企业规模在一定程度上还会影响校企合作过程，如校企合作模式、协同育人方式等，从而对校企合作质量产生深远影响。

（9）企业地址：原状态数据表中没有该项指标，是指企业营业执照上的住所或实际经营地点。

（10）所在地：原状态数据表中没有该项指标。企业的地理位置与所在省、市的发展规划和产业特征密切相关。政府期望企业与地方经济社会发展紧密对接，通过校企合作，解决高职院校的就业问题，提高人才培养质量。企业的地理位置在很大程度上影响着校企合作的深度和广度，学校如果建在产业园区，将有力促进校企合作的质量，大幅提高学生的就业质量。而学生更为关注留在当地就业的条件与待遇、发展空间等。

（11）是否产教融合型企业（单一选项）：该项指标在原数据平台的“4 实践教学条件 _4.2 校外实习实训基地”中。产教融合型企业是指深度参与产教融合、校企合作，在职业院校办学和深化改革中发挥重要主体作用，行为规范、成效显著，创造较大社会价值，对提升技术技能人才培养质量，增强吸引力和竞争力，具有较强带动引领示范效应的企业。该项指标在平台中只需在国家级、省级、否中选择一项即可。

产教融合型企业对校企合作质量有着重要的影响，产教融合型企业通过独资、合资、合作等投入方式，利用资本、技术、知识、设施、管理等要素，投入资本举办或者参与职业教育人才培养，与学校在实训基地、学科专业、教学课程建设和技术研发等方面稳定开展合作，成效体现在承担现代学徒制培养、承担“1+X”证书制度试点、共建产教融合实训基地、接受学生实习实训、接受学生就业等。数据显示，全国 4 569 家产教融合型企业共计接收实习学生 41 400 人，接收就业学生 22 885 人。

（12）主要合作专业名称：该项指标在原状态数据表“7 专业 _7.5 产学合作 _7.5.1 产学合作基本情况”中，指与企业开展合作的专业名称。合作专业与学校的发展规划、专业特色与优势、专业在校生规模，企业所属行业、企业规模等要素密切相关。通过开展合作，企业期望得到在素养、能力、知识等方面满足工作岗位需求的技术技能人才；学校期望通过合作提升专业的核心竞争力和适应区域经济社会发展的能力；学生期望尽快适应企业的工作环境和企业文化，为高质量就业和发展奠定基础。同时，企业在专业上的资金、设备、人力的投入，在很大程度上决定了合作过程和人才培养成效，影响学生的就业创业质量。

（13）主要合作专业代码：该项指标与“主要合作专业名称”相关，指在新版专业目录中与专业名称对应的代码。

（14）是否签订合作协议：原状态数据表中没有该项指标。该指标用来界定企业是否与学校在实训基地、学科专业、教学课程建设和技术研发等方面签订了合作协议。企业与学校在充分协商后，就人才培养的某些方面签订合作协议，有利于激发企业参与校企合作的积极性，加大对学校的投入，对促进人才培养质量，促进就业创业有积极的意义。

（15）是否在企业建立校外实训基地：该项指标在原数据平台的“4 实践教学条件 _4.2 校外实习实训基地”中，包括所属部门名称（全称）、依托单位名称（全称）、依托单位在岗职工总数（人）、依托单位是否产教融合型企业、面向专业及专业层次、是否有住宿条件、基地是否发放学生实习补贴、是否校企共建共享生产性实训基地等指标要素。在企业建立校外实训基地，有利于企业加大设备、人力等资源投入力度，促进学校教师实践能力提升，为学生顶岗实习提供便利条件。

（16）是否参与人才培养：企业参与专业建设、课程开发、教材建设、其他、否。该项指标在原数据平台的“7 专业 _7.5 产学合作 _7.5.2 现代学徒制培养”中，主要包括现代学徒制人才培养班级数（个）、企业师傅数（人）、企业承担的教学课时数（学时）、学校年投入经费（万元）、企业年投入经费（万元）等指标要素。

（17）合作开始日期（年月）：企业与学校开始合作的时间，在原数据平台的“7 专业 _7.5 产学合作 _7.5.2 现代学徒制培养”中。

（二）书记校长走访企业专项数据表

书记校长走访企业专项数据表共 16 个指标，25 个指标要素，这些指标和指标要素均为数据平台新增。旨在发挥信息化平台作用，落实高职院校书记校长访企拓岗促就业专项行动，拓展校企合作深度和广度，提升访企拓岗成效，提高学生就业质量和发展水平。

（1）牵头拜访人：学校去企业走访的学校党委书记或校（院）长，仅指学校党政一把手，包括主持工作的副书记或副校（院）长。

（2）职务：牵头到企业走访的学校党政一把手职务。学校党委书记或校（院）长作为牵头拜访人，有利于落实高职院校毕业生就业工作“一把手”工程，发挥书记、校（院）长以及校领导班子成员带头做好毕业生就业工作的示范作用，全面深化校企合作、供需对接，有利于提高高职院校毕业生就业质量。

（3）拜访时间：学校党委书记或校（院）长牵头拜访企业的时间。数据显示，截止到 2022 年 8 月，全国 1 388 所高职院校 2 773 名书记、校长共走访用人单位 121 594 次，校均拜访企业达 82.2 家。

（4）拜访方式：学校党委书记或校（院）长牵头拜访企业的形式，主要包括实地走访、电话联系、视频会议、集中活动等。受新冠疫情等因素影响，实地走访的企业数量减少。

（5）走访企业名称：该项指标来源于企业表，为与学校开展合作的企业。

（6）企业接待人姓名：所走访企业负责接待的负责人。

（7）接待人职务：走访企业接待负责人的职务。

（8）访谈主要事项：学校党委书记或校（院）长与企业进行访谈的主要事项，包括专业建设（含课程、教材）、人才培养（含订单培养、学徒制）、实习就业、产业学院、基地建设、科研与社会服务、企业捐赠、其他。数据显示，通过走访，与企业通过洽谈实习就业（54.56%）、人才培养（14.22%）、专业建设（6.84%）、实习实训基地建设（2.92%）、科研与社会服务（2.32%）、产业学院（1.89%），为学生挖掘更多优质岗位资源，进而为高职院校毕业生就业奠定基础。

（9）企业对毕业生需求情况：该项指标共四个指标要素，分别为需求专业名称、需求专业层次、可提供岗位数、平均薪酬（元 / 月）。

需求专业名称：该项指标来源于专业目录。数据显示，企业需求专业呈现明显的地域特征。如“东三省”走访企业需求专业主要集中在护理专业（3.58%）、机电一体化技术专业（3.40%）、电子商务专业（2.79%）、大数据与会计专业（2.33%）、机械制造及自动化专业（2.06%），与《东北全面振兴“十四五”实施方案》提出的“着力构建战略性新兴产业和传统制造业并驾齐驱、生产性服务业和生活性服务性相互促进、信息化和工业化深度融合的新格局”相吻合；“长三角”地区走访企业需求专业主要集中在机电一体化技术专业（6.53%）、市场营销专业（4.92%）、电子商务专业（4.76%）、计算机应用技术专业（2.87%）、电气自动化技术专业（2.65%），有效支撑了“长三角”经济区纺织、汽车制造、电子信息、机械装备等产业发展；“粤港澳大湾区”走访企业需求专业主要集中在电子商务专业（4.39%）、学前教育专业（4.15%）、护理专业（3.39%）、机电一体化技术（2.63%）、大数据与会计（2.43%），助力构建“大湾区”以先进制造业为支柱，以战略性新兴产业为先导，以现代服务业为支撑，以海洋经济为优势的现代产业体系。

企业需求专业层次：企业岗位对专业层次的要求，包括高职本科、高职专科。数据显示，有 4.87% 的企业明确提出需要本科层次的高素质技术技能人才。在明确提出需求本科层次人才的专业中，需求岗位数量排在前 5 位的专业分别为：现代通信工程、智能制造工程技术、大数据与会计、电子商务、学前教育，为高职院校契合产业高端和高端产业，稳步发展职业本科教育提供了有力参考。

可提供岗位数：走访企业为该专业毕业生提供的工作岗位数量。

平均薪酬（元 / 月）：指企业工作岗位为毕业生提供的平均薪酬（元 / 月）。数据显示，企业提供的平均薪酬主要集聚在 3 000~3 999 元、4 000~4 999 元、5 000 元以上三个区间，分别占 31.52%、25.71% 和 20.08%。

（10）访谈成果形式：该项指标指通过走访与企业达成的合作成果，从签订合作协议、达成合作意向、其他等选项中选择其一。数据显示，在走访企业中，双方达成合作意向 83 580 个、签订合作协议 20 422 个，总计占比 77.52%。

（11）接受学生实习情况：该项指标包括专业名称、专业层次、人数、实习报酬（元 / 月）四个指标要素，旨在监测通过学校党委书记或校（院）长走访企业，根据企业岗位需要，促进学生实习情况。数据显示，通过拜访企业，23 891 家企业接收高职院校实习生 614 470 人，与 6 月份相比，接收实习生比例提高 81.21%。

专业名称：该项指标从企业需求的专业名称中勾选。

专业层次：该项指标在选定专业名称后，自动生成。

人数：走访企业接受实习学生的数量。数据显示，截至 2022 年 8 月，走访企业接收实习学生数突破 61 万人。

实习报酬（元 / 月）：走访企业为实习学生提供的实习报酬（元 / 月）。从走访企业接收学生实习所提供的报酬看，平均月薪为 3 176 元，接近正式就业薪资水平。

（12）接受学生就业情况（与就业、走访验证）：该项指标包括专业名称、专业层次、人数、起薪线（元 / 月）四个指标要素。旨在验证通过学校党委书记或校（院）长走访企业，促进学生就业情况。数据显示，通过拜访企业，18 956 家企业接收高职院校毕业生就业 356 305 人，接收毕业生比例提高 81.22%。可见，学校响应国家的专项计划安排，投入人力、物力等资源，并积极拓展校企合作领域，有效促进了学生的就业质量和发展水平。

专业名称：该项指标从企业需求的专业名称中勾选。

专业层次：该项指标在选定专业名称后，自动生成。

人数：走访企业接受就业学生的数量。数据显示，截至 2022 年 8 月，接收学生就业人数超过 35 万人。

起薪线（元 / 月）：走访企业为就业学生提供的起薪线（元 / 月）。从走访企业接收学生就业的起薪线看，平均月薪为 3 861 元，略高于 2019 届毕业生半年后平均薪酬 3 815 元，略低于 2021 届毕业半年后的平均薪酬 4 428 元，体现了高职院校毕业生的优质就业水平。

（13）典型案例：接收院校毕业生就业好的案例，包括受地市级以上媒体报道、各级教育行政部门、各级人社部门及就业指导中心宣传推广的情况。通过媒体宣传，一方面将学校校企合作促就业的经验做法进行推广，提高学校的影响力和竞争力，另一方面也提升了企业的知名度，为企业带来效益。

（14）其他达成意向的合作：通过走访，学校与企业在实训基地、实习岗位、技术服务及技能培训（含岗前培训）等方面达成的合作意向。

（15）新闻链接：学校针对本次走访在学校官网发布的新闻。

（三）企业家进校园专项数据表

企业家进校园专项数据表共 16 个指标，25 个指标要素，与书记、校长走访企业专项数据表类似，本书不再累述。

第三章　高等职业教育校企合作现状

为了有效解决高职院校人才培养和产业人才需求间的供需矛盾，促进毕业生更加充分、更高质量就业，以下将通过梳理高等职业教育校企合作发展历程、发展现状、面临困境等，进一步了解高等职业教育校企合作现状。旨在通过加强高职院校与企业的合作，增加人岗匹配程度，开拓更多就业创业岗位和机会，提升职业教育校企合作质量。

第一节　高等职业教育校企合作发展历程

中国职业教育开展校企合作的历程可谓源远流长，最早可追溯到现代学校出现时的福建船政学堂等依靠官办企业、军用工业、民族企业出现的产学合作模式。中华人民共和国成立后，中等职业教育兴起，中职（中专）学校成为职业教育的主体。1980 年之后，受西方国家“新大学运动”的影响，中心城市开始兴办以“城市大学”为形式的短期职业大学，成为高等职业教育的肇始；20 世纪 90 年代末至 21 世纪初，我国开始进入高等教育跨越式发展阶段，“新大学运动”催生了新建本科院校和新建高职院校的批量涌现。自此高职院校成为中国职业教育的重要组成部分，校企合作进入快速迭代升级时期。从 20 世纪 80 年代开始，我国校企合作的基本演进历程大致可划分为三个阶段。

一、校企合作的初创阶段：20 世纪 80 年代—20 世纪末

1980 年之后，短期职业大学作为高等职业教育的雏形开始出现，并在世纪之交正式孕育出今日所见的“职业（技术）学院”。直到 1999 年之前，中国职业教育依然是以中等教育为主，呈现“中等专业学校、技工学校、职业中学‘三足鼎立’的局面”，高等职业教育并未成为主流。因此，在 1999 年之前的职业教育校企合作，有其特殊的历史烙印和突出的时代特征，这一阶段可称为“产教结合阶段”。

（一）产教结合是主流框架

“产教结合”模式在 20 世纪 80 年代的制度安排是“行业办学”，是针对产业界与教育界之间还没有形成紧密的合作关系的现实，采取的实用性制度安排，具有典型的时代特征。如 1987 年《国务院办公厅转发国家教育委员会等部门关于全国职业技术教育工作会议情况报告的通知》（国办发〔1987〕1 号）中提出：“职业技术教育事业涉及许多部门，必须调动各方面的积极性，大家来办。”“大家来办”，实际上是行业主管部门与教育主管部门一起办，因而这里的“产”指向的是当时的行业性经济部门，“产教结合”的主要模式是行业办学；而校企之间的“联系”是以“联合办学”来表示的，即“经济部门和企业尤其应根据各自行业的优势和条件，大力办好中专和技工学校，积极扶植职业中学和各类职业技术培训事业，发展企业之间、学校和企业之间的联合办学。对口的企业应结合自己的劳动和设备条件，积极接纳和安排师生下厂（场）进行生产实习和业务实践”。即企业对职业学校是“扶植和帮助”，具体的举措是企业接纳和安排职业学校的学生在企业实习。此时的“产教结合”发展的是校企之间松散而零碎的合作关系。

1991 年《国务院关于大力发展职业技术教育的决定》提出“提倡产教结合，工学结合”，基本奠定了这一阶段校企合作的基调。而“产教结合”是当时高等教育界提倡“产学研结合”的一个降维安排，如 1993 年中共中央、国务院印发的《中国教育改革和发展纲要》对高等教育的要求是，“发展同社会实际工作部门的合作培养，促进教学、科研、生产三结合”；对职业教育的要求是，“要在政府的指导下，提倡联合办学，走产教结合的路子”。产教结合作为职业教育办学体制的主流框架，进一步在 1996 年《职业教育法》中以法律的形式予以明确，其中第二十三条规定：“职业学校、职业培训机构实施职业教育应当实行产教结合，为本地区经济建设服务，与企业密切联系，培养实用人才和熟练劳动者。”

产教结合作为此时职业教育办学体制性的规定，具体该如何实施？在 1998 年国家教委、国经贸委、劳动部联合印发的《关于实施〈职业教育法〉加快发展职业教育的若干意见》中给出了比较详尽的解释：一是强调“职业教育与经济的结合”，要求“增强职业学校和职业培训机构与企业的联系和合作”，体现“教学与生产劳动相结合”；二是强调发展校办产业，将校办产业作为产教结合阶段的主要办学载体。产教结合相比后面出现的“校企合作”和“产教融合”，表现为校企之间松散的合作，主要停留在“联系”层面，以及呈现出的“内生性”特征，且这种“产教结合”主要通过职业院校内部举办的“校办工厂”予以实现。

经历了多年“产教结合”实践之后，校企之间的联系和合作增多，产业界和教育界的鸿沟逐渐得以弥合。因而在 20 世纪 90 年代后期，有关产教结合的具体内容已经具备了 21 世纪初高职院校大量涌现之后高职教育“校企合作”的基本特征。如 1998 年国家教委印发的《面向 21 世纪深化职业教育教学改革的原则意见》，尽管强调的仍然是“职业教育教学工作必须贯彻产教结合的原则”，但具体内容已经丰富得多:“要建设好符合教学要求的实习基地，切实加强实验、实习、职业技能训练等实践性课程和教学环节。要增强职业学校和职业培训机构与行业企业的联系与合作，校董会、教学指导委员会或其他形式的决策、咨询组织中要有相关经济界、产业界专家参加，充分发挥他们在研究专业设置、培养目标、教学内容、教学方法等工作中的重要作用。积极吸引有丰富实践经验的生产技术、经营管理人员直接参与教育教学过程。有条件的职业学校要建立有行业、企事业单位管理人员和生产技术专家组成的专业顾问委员会参与学校教学管理工作。”其中包括了实习基地建设、课程和教学、管理体制、师资队伍建设等各种内容。

这一阶段的“产教结合、联合办学”与后面的“产教融合、校企合作”的区别在于,产业界及企业在职业院校的办学中主要起的是“关心和支持”“顾问和指导”作用，而学校对企业界还在“加强联系”和“适应发展”的阶段。“产教结合”阶段的校企联系主要通过“联合办学”来实现，据当时统计显示，在 1996 年全国范围内的职业院校与行业企业实行联合办学的比例高达 80%。

（二）校办工厂是主要载体

在 20 世纪八九十年代，校办工厂是产教结合阶段实施校企合作的主要载体。这既与中华人民共和国成立后到 20 世纪 80 年代,职业教育“半工半读”“勤工俭学”办学思想的历史惯性有关，也是当时校企合作尚未完全具备条件的一个现实性选择。与当前高职院校广泛开展的与校外企业共建实习实训基地、引企入校等具有“外部”特征合作方式不同的是，这一阶段的校企合作载体主要是“内生性”的，学校的教学与生产劳动相结合，提前为企业培养“实用人才和熟练劳动者”的要求基本通过校办工厂这一途径加以实现。

职业院校开办校办工厂，在 1983 年国务院颁布的《全国中小学勤工俭学暂行工作条例》中有明确规定:“各级政府的计划、经济、财政及其他有关部门，要把校办工业、农业作为经济工作的一个组成部分，积极予以扶持和指导”，同时要求“商业性的职业班和职业学校，可结合专业试办商业、饮食业、服务业和各项修理等行业，为国家培养劳动技术后备力量提供生产实习场地”。职业院校在这一发展阶段重视校办工厂的开设，一是为了增强职业学校的办学活力和自身发展能力，解决培养实用型人才问题。如 1995 年《国家教育委员会关于推动职业大学改革与建设的几点意见》提出，“要努力探索产教结合的办学路子，大力发展校办产业，增强学校的办学活力与自我发展能力”。1991 年《国务院关于大力发展职业技术教育的决定》提出:“各类职业技术学校和培训中心，应根据教学需要和所具有的条件，积极发展校办产业,办好生产实习基地。”这是将校办企业作为“生产实习基地”来建设。校办产业既满足了学生校内实训教学的需求，同时学生的顶岗实习也能够在校内一次性解决，就当时来说的确不失为破解职业教育实践教学难题的不二选择。二是为了疏解当时大量兴办职业教育的经费筹措困境。20 世纪 90 年代正处于市场经济发展初期，公共财政投入有限，职业教育要培养出经济发展的适应性人才，相比普通教育的投入要大得多。在政府公共财政投入不足时，利用校办企业来多元化筹措经费，能够在解决职业学校教育扩大再生产问题上起到关键性作用。1993 年的《中国教育改革和发展纲要》就明示了这一目的，要求职业学校“更多地利用贷款发展校办产业，增强学校自我发展的能力，逐步做到以厂（场）养校”。1995 年启动的首次针对高职院校示范性评选的《国家教委关于开展建设示范性职业大学工作的通知》甚至列出示范性职业大学的遴选条件之一，是要求校办产业的年创收达 200 万元以上。1996 年《职业教育法》进一步规定“职业学校、职业培训机构举办企业和从事社会服务的收入应当主要用于发展职业教育”，也是为了解决职业教育办学的自给自足和扩大再生产的问题。

校办工厂尽管为当时的职业院校开展实践教学立下汗马功劳，但仅以校办工厂来支撑实习实训是远远不够的。在 20 世纪八九十年代职业学校规模普遍较小、专业相对集中的时期尚可支撑，一旦专业规模扩大，特别是职业院校开始朝综合性、多学科方向发展的时候，要求一个专业（群）建设一个工厂来对接已经不再可行。而小作坊式的校办工厂的发展也越来越不能对标经济领域正在高速成长的现代化企业，试图通过校办工厂培养技能人才便不再“适应”市场经济中的企业发展对人才的需求规格。特别是 20 世纪末期，随着国有企业改革序幕的拉开，1998 年国务院《关于调整撤并部门所属学校管理体制和布局结构的决定》颁布施行，原属各行业部门的 46 所中等专业学校和技工学校划归地方管理，校办工厂被切断了与行业部门之间的联系，缺乏背靠行业部门的产业资源输血而集体没落，校办工厂纷纷实施股份制改革或者陷入倒闭潮，导致原本应该承担的生产性实习功能也逐渐消解。于是，这种“内生性”不可避免地走向“外部性”。如此，“校企合作、工学结合”的时代便正式来临。

（三）半工半读的师徒制是主要形式

当时，无论是中等职业教育（以中专学校为主），还是高等职业教育（以短期职业大学为存在形式），都还未形成独属于职业教育的人才培养模式，更多是对普通教育和本科教育的模仿和压缩。尽管已经认识到“校企合作”对于职业教育发展的重要性，但此时的“校企合作”还在“校企结合”阶段。如 1995 年国家教委发布的《关于推动职业大学改革与建设的几点意见》提出:“要加强与产业部门的联合,积极实行校企结合。”这里关于“联合”与“结合”的表述，说明此时的职业学校和外部企业之间的关系还停留在加强联系、实施对接阶段，远没有到达校企实质性“合作”的程度，企业对职业学校人才培养的参与度并不高，尚属于职业教育的“外部利益相关者”，而不是职业教育的办学主体。

当时职业院校开展校企合作培养人才的主要载体是校办工厂，其人才培养模式相比普通教育和本科教育不一样的地方就在于引入了工厂中的“师徒制”模式，采用的是“半工半读”的学习形式。师徒制是中国职业教育最为源远流长的人才培养形式，在中国的国有工厂里，普遍存在以师傅带徒弟方式培养技术工人的传统。显然，采取校办工厂制的职业院校如果要实现提前为企业培养“熟练工人”的任务，师徒制是最有效的训练方式，其具体实施的方式是以教员为师傅，学生则扮演学徒工的角色，以此来提高职业学校学生的动手实践能力，以及初步的对企业情境的提前熟悉。

二、校企合作的确立阶段：2000—2011 年

21 世纪的第一个十年是中国高职教育发展的“黄金十年”。1999 年大学扩招之后，大量的中专、技校、成人学校升格为高职院校，高职教育从 20 世纪八九十年代的短期职业大学进化到现代形式的职业技术学院。高职教育迅速发展成为高等教育的半壁江山，并成为高等教育大众化的一支重要力量。

而为了摆脱普通高等教育的影响，不再被视为本科教育的“压缩饼干”，高职教育开始寻求自身的“类型特征”，通过不断地摸索和实践，在这一阶段正式确定了职业教育办学的八字箴言——校企合作、工学结合。也正是这八个字成为高职教育的办学机制和人才培养形式，标志着高职教育已经进入成熟阶段。

（一）校企合作、工学结合是主流框架

“校企合作”尽管在后来成为高职教育的主要办学体制，但在 20 世纪八九十年代却是专属于高等教育的用词。如当时的高等教育学者认为“校企合作是高等教育发展的有效途径”，是提高高等教育人才培养质量的有效手段，也是“高等教育主动适应社会发展的一种有效机制”。职业教育界尽管也意识到校企合作对职业学校办学的重要性，也将其视为“职业技术教育发展的一条新路”，但因为“校企合作”背后是“产学研合作”机制这种新型合作教育模式，职业院校直接拿来还显得不完全适应。

众所周知，2005 年《国务院关于大力发展职业教育的决定》正式明确了“校企合作、工学结合”这一独属职业教育的办学模式，并一直沿袭至今，成为职业教育人才培养模式的经典表述。高职教育从“产教结合”初始阶段走到“校企合作”这一成熟模式，至少经历了两个过渡阶段：一是从“产教结合”到“产学结合”的转变。如 2000 年《教育部关于加强高职高专教育人才培养工作的意见》中首次出现“产学结合”的提法，“贯彻产学结合思想。产学结合是培养高等技术应用性专门人才的基本途径”，这一转变意味着一个重要教育理念的出现，即高职教育人才培养开始从“以教为中心”向“以学为中心”转变。二是从“产学结合”到“产学研结合”的飞跃。在 20 世纪 90 年代，“产学研结合”是独属高等教育、面向普通本科院校的专属，这也是中国高等教育从世界高校办学中学来的经验，即加快科技成果转化为现实生产力的步伐、依靠科技推进经济建设与发展，并在全国顶尖高校中实验推广。在职业教育的相关政策文件中，“产学研结合”也陆续出现，说明此时的高职院校归属于具备“高等性”的高等教育行列中。如 2004 年《教育部关于以就业为导向深化高等职业教育改革的若干意见》中提出要“建立产学研结合的长效机制”，认为“产学研结合是高等职业教育发展的必由之路”。2006 年《教育部、财政部关于实施国家示范性高等职业院校建设计划加快高等职业教育改革与发展的意见》中也将“形成产学研结合的长效机制”列为国家示范校遴选要求的“教育教学改革领先”的评判标准之一。随着“校

企合作、工学结合”的认可度越来越高，有关“产学研结合（合作）”的提法也逐渐从高职教育政策文件中淡出，象征着中国高职教育的发展不再体现出对普通高等教育的“依附性”，而是逐渐凸显自身“独立类型”的特征。

自《国务院关于大力发展职业教育的决定》明确了“校企合作、工学结合”的办学模式后，其内涵也日渐丰富。2005 年文件明确“工学结合、校企合作的培养模式”，包括“与企业紧密联系，加强学生的生产实习和社会实践，改革以学校和课堂为中心的传统人才培养模式”，明确了职业教育办学从“以学校和课堂为中心的人才培养模式”，转到“工学结合、校企合作的人才培养模式”，这是一次“职业教育人才培养模式的根本性转变”（《教育部关于职业院校试行工学结合、半工半读的意见》）以及“建立企业接收职业院校学生实习的制度”，对企业在校企合作中的责任予以初步明确。2006 年《教育部关于全面提高高等职业教育教学质量的若干意见》中进一步明确了“工学结合”的具体内涵和做法，“工学结合的本质是教育通过企业与社会需求紧密结合，高等职业院校要按照企业需要开展企业员工的职业培训，与企业合作开展应用研究和技术开发，使企业在分享学校资源优势的同时，参与学校的改革与发展，使学校在校企合作中创新人才培养模式”。将校企合作、工学结合的内涵从原来单纯的人才培养功能向科学研究（技术研发）、社会服务（职业培训）的综合性功能推进，同时该文件出现了“顶岗实习”的提法。2010 年《国家中长期教育改革和发展规划纲要（2010—2020 年）》进一步将“校企合作、工学结合”完善为“实行工学结合、校企合作、顶岗实习的人才培养模式”，明确了当时职业教育人才培养模式的三层内涵，即“校企合作”“工学结合”“顶岗实习”，形成了一个从合作机制到培养模式再到具体路径的完整链条。

（二）订单班是主要载体

在 21 世纪的第一个十年，职业教育在“工学结合、校企合作”人才培养模式的实施载体上做了丰富探索，如“订单培养”“模块式培养”“工学交替”，也出现了“企业学院”“集团化办学”等新形式，其中，“订单班”无疑是这一阶段最为成功的职业教育校企合作办学载体。

2002 年《国务院关于大力推进职业教育改革与发展的决定》中最先出现了“订单培训”的提法，要求企业与“职业学校加强合作，实行多种形式联合办学”，“积极为职业学校提供兼职教师、实习场所和设备”。2004 年 3 月颁布的《国务院批转教育部 2003—2007 年教育振兴行动计划的通知》（国发〔2004〕5号），明确“加强与行业、企业、科研和技术推广单位的合作，推广‘订单式’‘模块式’培养模式”，同年陆续发布的《教育部关于以就业为导向深化高等职业教育改革的若干意见》（教高〔2004〕1号）和《教育部等七部门关于进一步加强职业教育工作的若干意见》（教职成〔2004〕12号）也都先后明确了“高等职业院校要大力开展订单式培养”和“推动产教结合，加强校企合作，积极开展‘订单式’培养”。其中，《教育部关于以就业为导向深化高等职业教育改革的若干意见》明确要求“各省级教育行政部门要积极支持高等职业院校开展订单式培养，重点培育一批与本地支柱产业发展密切相关、在产学研结合方面特色突出、以订单式培养为特色的高等职业院校，每所高等职业院校都要形成一批以订单式培养为特色的专业”。自此，“订单式培养”成为后续各级各类职业教育文件中的高频词汇，“订单班”也成为这一时段职业教育当之无愧的“主要载体”。

订单式培养作为“学校与企业‘零距离对接’、学生在学校与用人单位间‘无缝转机’”的一种有效培养模式，成为凸显职业教育“以就业为导向”的重要窗口。在“国家示范性高等职业院校建设计划”时期，订单班是国家示范、骨干校建设成果的标配，并且迅速蔓延到所有高职院校，成为彰显职业教育有效培养的利器。尽管订单班也不乏批评者，如认为“‘订单式培养’并不适合于高等职业教育作为人才培养的通常模式，更适合于开展短期的、职业的培训”。然而高职教育发展至今，订单式培养依然有其旺盛的生命力，是职业院校最为成功的校企合作载体，迎合了当时富有远见的学者的超前预判：“订单式教育不仅在现在，而且在未来几十年都会成为我国职业教育中一种举足轻重的教育模式，它将把我国高等职业教育的改革和发展推进到一个新阶段。”

（三）校内生产性实训、校外顶岗实习是主要形式

进入21世纪之后，校办工厂的惯性影响依然存在。如2004年《国务院关于大力发展职业教育的决定》提出：“推动公办职业学校与企业合作办学，形成前校后厂（场）、校企合一的办学实体。”将原来仅仅依靠学校自身开办的“校办工厂”，进阶到校企共同举办的“前校后厂（场）”模式，将校办工厂的举办权部分让渡给更为专业的校外企业。2006年《教育部关于职业院校试行工学结合、半工半读的意见》（教职成〔2006〕4号）提出：“积极推进‘校企合一’，鼓励‘前厂（店）后校’或‘前校后厂（店）’”，增加“前厂（店）后校”的表述，体现出了企业的办学主体性。

此时的校办工厂模式已开始逐渐向生产性实训基地形式转变。2006 年中共中央办公厅、国务院办公厅印发的《关于进一步加强高技能人才工作的意见》提出："支持企业为职业院校建立学生实习实训基地。"2010 年颁布的《教育部财政部关于进一步推进"国家示范性高等职业院校建设计划"实施工作的通知》中明确将校办工厂模式转向实习实训基地的建设，"探索建立'校中厂''厂中校'实习实训基地"；2011 年《教育部关于推进中等和高等职业教育协调发展的指导意见》则全部转向实训基地建设，"推动和督促企业与职业学校共建教学与生产合一的开放式实训基地。"校内生产性实训基地因为有校办工厂的基础，以及后续"前店后厂、前厂后店""校中厂、厂中校"等兼具教学与生产性功能，使得其能够充分承担起高技能人才"校内实训"的功能，有效提高了职业院校学生的实际动手能力，完成了符合企业要求的人才培养的第一步。而要实现校企人才培养的无缝对接，"顶岗实习"成为一个重要的制度安排。"顶岗实习"自 2006 年《教育部关于全面提高高等职业教育教学质量的若干意见》出现在文中，迅速成为职业教育人才培养的主要形式，作为与"校企合作、工学结合"并行的办学特征之一，经过半年到一年的顶岗实习期，能够满足学生通过"校内生产性实训"提高实际动手能力，具备进入企业之前的职业适应能力，进而顺利转化为就业岗位所需要的职业能力。

三、校企合作的成熟阶段：2012 年至今

党的二十大明确提出"统筹职业教育、高等教育、继续教育协同创新，推进职普融通、产教融合、科教融汇，优化职业教育类型定位"。而随着职业教育类型定位的确定，产教融合、校企合作也成为职业教育办学最为显著的标志。

（一）产教融合、校企合作是主流框架

2014 年国务院《关于加快发展现代职业教育的决定》首次将"产教融合、特色办学"列为职业教育发展的基本原则，并明确"产教融合"的基本任务是，"同步规划职业教育与经济社会发展，协调推进人力资源开发与技术进步，推动教育教学改革与产业转型升级衔接配套"。实行职业教育与产业发展在战略层面的对接融合，将产业界和企业对职业教育的参与形成一个完整的生

态系统，将校企合作提升到一个更高层次，同时将产教融合型试点、混合所有制办学、职业教育集团、产业学院、现代学徒制等新型形式纳入职业教育办学框架中，让原来的“校企合作”拥有更为宽广的范畴。

2017 年《国家教育事业发展“十三五”规划》进一步将产教融合确定为职业教育的办学模式，“推行产教融合的职业教育模式”，指向“实现教育链和产业链有机融合”。2018 年教育部等六部委印发的《职业学校校企合作促进办法》促使“产教融合、校企合作”进入法制化阶段。2019 年《国家职业教育改革实施方案》对“产教融合、校企合作”的内涵和具体做法给了更为翔尽的阐释，明确了职业教育要“坚持知行合一、工学结合”，要求“推动校企全面加强深度合作”，以“促进产教融合校企‘双元’育人”。2021 年中共中央办公厅和国务院办公厅联合印发的《关于推动现代职业教育高质量发展的意见》将“产教融合”视为“办学体制”，将“校企合作”视为“办学机制”。2022 年最新修订的《职业教育法》将“坚持产教融合、校企合作”明确列入法条当中，实现了产教融合、校企合作办学机制体制的法律化。

（二）产业学院等集聚性平台成为主要载体

自提出“产教融合、校企合作”的职业教育办学机制体制，产业学院、产教融合型试点、混合所有制办学实体等成为主要承载主体。如 2014 年《国务院关于加快发展现代职业教育的决定》提出“探索发展股份制、混合所有制职业院校”“开展校企联合招生、联合培养的现代学徒制试点”和“鼓励多元主体组建职业教育集团”；2014 年教育部等六部委印发的《现代职业教育体系建设规划（2014—2020 年）》提出“探索举办特色学院”，标志着产业学院的新型办学形式正式出炉；2014 年国务院办公厅印发的《关于深化产教融合的若干意见》提出“开展产教融合型试点”，产教融合型企业成为职业教育产教融合的一个重要载体；2021 年中共中央办公厅、国务院办公厅印发的《关于推动现代职业教育高质量发展的意见》提出“推动校企共建共管产业学院、企业学院”和“探索中国特色学徒制”；2022 年教育部进一步提出培养“现场工程师”，开展“现场工程师学院”建设项目等。可见，产业学院、职业教育集团、产教融合型企业等均是带有综合性的集聚性平台，相比以前的订单班等模式范围更广、改革力度更大，是在更高层面拓展职业教育的办学空间和办学载体，让校企合作真正从原来的“点对点”合作进入“面对面”融合的新阶段。

（三）中国特色学徒制是主要形式

一直以来，职业院校开展校企合作最主要且最成功的模式是“订单班”。新时代，“中国特色学徒制”这一全新形式的出现迅速得到职业院校的广泛认可。“中国特色学徒制”是教育部提出的“现代学徒制”和人力资源和社会保障部提出的“企业新型学徒制”的结合体，体现出校企“双元育人”的特征，具体表现为“职业院校和企业联合招生、联合培养”（《现代职业教育体系建设规划（2014—2020 年）》），实现“学校招生与企业招工相衔接，校企育人‘双重主体’，学生学徒‘双重身份’”（《关于深化产教融合的若干意见》）。在 2022 年召开的首届世界职业技术教育发展大会上发布的《中国职业教育发展报告 2012—2022 年》中，“中国特色学徒制”被详细描述为：“基于学校、企业深度合作，以师带徒为主要教育关系、以工作场所学习为主要学习方式，是校企协同培养技术技能人才的主要模式。在技术性、实践性较强的专业实施学徒制，通过推进招生招工一体化、深化工学结合人才培养模式、加强专兼结合师资队伍建设等措施，实现职业教育教学过程与生产过程相对接，校企供需匹配、学生在岗成才。”

教育部于 2014 年开始启动“现代学徒制”试点，包括试点行业组织、试点地区、试点企业、试点高职院校、试点中职院校等五个类别，到目前为止共开展三批国家级试点，共计产生 562 家试点单位，包括 21 家试点行业组织、20 个试点地区、410 个试点高职院校、94 个试点中职学校（见表 3-1）。各省也在教育部现代学徒制试点的基础上分别开展省级层面的现代学徒制试点单位的遴选工作，这一新型模式在全国得到广泛推行，成为校企合作的最主要形式。

表 3-1　2015—2018 年现代学徒制试点单位统计

年　份	批　次	试点行业组织 / 家	试点地区 / 个	试点高职院校 / 个	试点中职学校 / 个	合　计
2015 年	第一批	13	17	100	27	165
2017 年	第二批	4	2	154	38	203
2018 年	第三批	4	1	156	29	194
合计		21	20	410	94	562

第二节　高等职业教育校企合作发展现状

从高等职业教育领域校企合作的发展历程来看，其经历了一个从内向外（校办产业到校企合作）、从点上合作到面上融合（校企合作到产教融合）、从点对点合作到平台型发展（订单班—学徒制班—产业学院）、从单一形式到多元化发展（订单班到学徒制、产业学院、混改实体）的大致发展轨迹，实现了在校企合作方面从生产性与教育性的分立再到生产与教育的融汇的效果，对职业教育特征的彰显、对职业教育类型定位的确立、对职业教育吸引力的提升都产生了重要的推动作用，历经几十年的发展，校企合作已经呈现出一个相对理想的发展面貌。

一、"产教融合、校企合作"成为职业教育领域的共识

产教融合经历了 20 世纪八九十年代的"产教结合"，到 90 年代末的"产学研结合"，再到新时代的"产教融合"；校企合作从 2000 年之前的"加强校企联系"，到 21 世纪的"加强校企合作"，再到当前的"校企深度合作"；"知行合一、工学结合"经历原来的"半工半读、勤工俭学"，到后来的"工学交替、半工半读"，最后确定为"工学结合、知行合一"的表述，体现出中国职业教育在学习借鉴西方国家经验与持续自我探索中的发展历程。

最初，"产教融合、校企合作"，尚未成为职业教育领域的共识。如中国高职院校的肇始：短期职业大学更多是一种办学形式的创新，即"走读、收费、不包分配"，"大干快上"能够迅速满足当时地方对高级专门人才的需求；还很难谈得上是一种人才培养模式的创新，比如将短期职业大学的特点"走读、收费、不包分配"之后再加上"职业性"，但这里的"职业性"只是强调其人才培养的"适应性"和"实践性"特征，并没有找到"校企合作"这条路径。此时，有限的"校企合作"主要集中在中职学校层面，通过"校办工厂"建设生产性实习基地，解决教学与生产一体化，旨在提高职业学生实践动手能力。专科层次职业教育直到 2000 年后，即在高职教育以职业技术学院的面貌出现时，才正式将"校企合作、工学结合"当作自己独特的人才培养模式，以区别于普通高等教育。凭借两轮"国家示范性高等职业院校建设计划"这个国家级建设工程，通过 200 所国家示范校、骨干校的引领和示范，证实了"校企合作、工学结合"人才培养模式的可行性，奠定了其在高职教育办学模式

中的价值。

“校企合作”尽管为高职教育在高等教育中立足起了决定性的作用，但校企合作却一直面临如何开展“校企深度合作”的问题。所谓“校企深度合作”，是要求学校和企业之间通过“全方位”且“深入”的合作，能够真正实现职业教育办学中的“双主体”特征，实现校企合作的持续性、长效性和制度化，达到“校企双元协同育人”的效果。这便需要在“校企合作”的运行机制之上有总的体制性安排。于是，“产教融合”作为职业教育办学的体制性安排便应运而生。

党的十八大后，“产教融合”先是作为所有应用型高等教育的共同要求被提出来（《国务院办公厅关于深化产教融合的若干意见》），后来逐渐被聚焦到职业教育的办学特征中，特别是在形成了包含中等职业教育、专科高等职业教育、本科高等职业教育在内的现代职业教育体系之后。例如，党的十九大报告中提出的“深化产教融合、校企合作”成为对职业教育发展的总体要求；2019 年《国家职业教育改革实施方案》提出“深化产教融合、校企合作，育训结合，健全多元化办学格局，推动企业深度参与协同育人”，将产教融合、校企合作作为国家职业教育制度框架的建设内容；2021 年中共中央办公厅、国务院办公厅联合印发《关于推动现代职业教育高质量发展的意见》将“坚持产教融合、校企合作，推动形成产教良性互动、校企优势互补的发展格局”作为基本要求；2022 年新修订的《中华人民共和国职业教育法》（以下简称《职业教育法》）以法律形式确定了“坚持产教融合、校企合作”这一基本原则。通过国家重磅政策文件以及职业教育法律中对“产教融合、校企合作”的多次表述，可以清晰地看出，“产教融合、校企合作”已经成为职业教育办学的基本共识。“产教融合”在办学体制层面实现了产业链、教育链、人才链与创新链的有机衔接，为职业教育的具体运行机制——“校企合作”扫清了体制上的障碍，使得职业教育这种“跨界教育”能够通过“校企合作”融合产业界和教育界的资源。至此，“产教融合、校企合作”真正成为职业教育用以彰显自身类型教育特征的共识。

二、校企合作制度建设持续推进

中华人民共和国成立之初便开始探索建立校企合作的制度体系。国家根据马克思主义教育与生产劳动相结合的原理，在职业教育领域推行半工半读、勤工俭学的做法。如 1958 年颁布的《工作方法六十条（草案）》提出：“一切中等技术学校和技工学校，凡是可能的，一律试办工厂或者农场，进行生产，做到自给或者半自给。学生实行半工半读。”到1965年，全国实施半工半读的中等职业学校达到7 294所。半工半读因为主要通过校办工厂的形式实现，属于校内层面的校企一体化合作，是计划经济时代职业教育办学自力更生的体现，也为将来实施校内和外部企业的合作提供了相应的经验。

改革开放之后，尽管职业院校的校企合作依然以校办工厂为依托，但也逐步转向外部，寻求教育系统外的企业开展联系。制定的相关法律法规开始规范职业教育的校企合作关系，如20世纪90年代先后制定的《中华人民共和国劳动法》《中华人民共和国教育法》《中华人民共和国高等教育法》等在“职业培训制度”方面都有所涉及，1996年的《中华人民共和国职业教育法》明确规定“职业学校、职业培训机构实施职业教育应当实行产教结合”，要“与企业密切联系”。《国务院关于大力发展职业技术教育的决定》《中国教育改革和发展纲要》《面向21世纪深化职业教育教学改革的原则意见》《关于实施〈职业教育法〉加快发展职业教育的若干意见》等政策文件相继提出职业教育“产教结合”，并要求“企业接纳师生下厂进行生产实习和实践”“加强校内外实习基地建设”“增强职业学校和职业培训机构与企业的联系与合作”等，基本确立了职业教育的“产教结合、工学结合”的路径，职业院校也逐步从原来的“半工半读”走向校企两个独立主体之间的“校企合作”。

进入21世纪，职业教育迎来了制度建设的崭新时代。2002年和2005年相继颁布的《国务院关于推进职业教育改革和发展的决定》《国务院关于大力发展职业教育的决定》，先后明确“企业要和职业学校加强合作，实行多种形式联合办学……加强职业学校与企业、行业等用人单位的联系，建立职业学校与劳动力市场密切联系的机制”，“大力推行工学结合、校企合作的培养模式”。2007年《中华人民共和国就业促进法》在职教法的基础上进一步对校企合作予以明确规定：“职业院校、职业技能培训机构与企业应当密切联系，实行产教结合，为经济建设服务，培养实用人才和熟练劳动者。”2010年的《国家中长期教育改革和发展规划纲要（2010—2020年）》将职业教育“实行工学结合、校企合作、顶岗实习的人才培养模式”正式制度化。

当前，职业教育校企合作全面步入法治化阶段。党的十八大和十九大报告中提出，“加快发展现代职业教育”“完善职业教育和培训体系，深化产教融合、校企合作”。国务院在2014年《关于加快发展现代职业教育的决定》中对产教融合、校企合作工作予以落实。2018年教育部联合工信部、人社部等五部门制定了《职业学校校企合作促进办法》，走出了校企合作专门法规的第一步。《职业学校校企合作促进办法》对校企合作的基本原则、合作形式、促进措施、监督检查机制等予以全面规定，使得职业学校开展校企合作进入“有规可依”的时代。2022 年《职业教育法》将“产教融合、校企合作”作为职业教育的基本原则，全面规范了企业的职业教育主体责任和义务，对校企合作的具体内容、实施方式、权益保障等予以细化规范，使得职业学校开展校企合作真正“有法可依”。

三、产教融合的顶层设计逐步完善

校企合作主要是学校层面的工作，还需要通过产教融合的大环境加以配合。在 20 世纪八九十年代高职教育兴起之后，我国建立了以职业学校为主的“产教结合”机制，具体内容如下。

一是职业教育办学对市场经济的主动适应性。如《中国教育改革和发展纲要》要求“各级各类职业技术学校都要主动适应当地建设和社会主义市场经济的需要”；同时进一步明确职业教育办学为地方经济社会建设服务的方向。如 1996 年《职业教育法》第十三条规定，“职业学校、职业培训机构实施职业教育应当实行产教结合，为本地区经济建设服务，与企业密切联系”，1998 年国家教委、国家经贸委、劳动部印发的《关于实施〈职业教育法〉加快发展职业教育的若干意见》明确提出:“职业学校和职业培训机构要坚持为经济建设和社会发展服务的办学方向。”

二是与产业部门的联合办学机制。如 1987 年《国务院办公厅转发国家教育委员会等部门关于全国职业技术教育工作会议情况报告的通知》(国办发〔1987〕1 号）中提出，“职业技术教育事业涉及许多部门，必须调动各方面的积极性，大家来办。经济部门和企业尤其应根据各自行业的优势和条件，大力办好中专和技工学校，积极扶植职业中学和各类职业技术培训事业，发展企业之间、学校和企业之间的联合办学”。1995 年《国家教育委员会关于推动职业大学改革与建设的几点意见》提出职业学校“要加强与产业部门的联合，积极实行校企结合”。2002 年《国务院关于大力推进职业教育改革与发展的决定》明确:“企业要和职业学校加强合作，实行多种形式联合办学。”

三是初步确定了产教结合的机构设置。如校董会、教学指导委员会、专业顾问委员会等决策咨询和参谋机构等。1995 年《国家教育委员会关于推动职业大学改革与建设的几点意见》首次提出，“有条件的学校，可建立包括企业界、科技界等方面代表组成的校董会”。1996 年《职业教育法》颁布之后相关落实性方案中有了更明确的规定，如《关于实施〈职业教育法〉加快发展职业教育的若干意见》指出：“职业学校和职业培训机构要坚持为经济建设和社会发展服务的办学方向，积极聘请相关经济、产业界人士参加校董会或其他形式的决策、咨询组织，共同研究专业设置、培养目标、教学内容、经费筹措等重要事项。”1998 年《面向 21 世纪深化职业教育教学改革的原则意见》出现“教学指导委员会”的提法，即“要增强职业学校和职业培训机构与行业企业的联系与合作，校董会、教学指导委员会或其他形式的决策、咨询组织中要有相关经济界、产业界专家参加，充分发挥他们在研究专业设置、培养目标、教学内容、教学方法等工作中的重要作用”。这一阶段之所以称为“以学校为主”的产教结合，是因为这时的产教结合是以职业学校为主体，通过学校主动联动，要求产业界配合学校的办学行为，产业界对职业教育的参与带有一定的被动性。

当产教结合发展到产教融合阶段之后，相对于校企合作在运行机制层面的安排，产教融合则是在体制层面以制度性规范来体现职业教育办学的产业界和职教界的双向互动和深度合作。尽管在前期已有相关产教结合、校企合作的制度性安排，而以 2017 年国务院办公厅颁布的《关于深化产教融合的若干意见》为标志，国家产教融合实现了在顶层设计上的正式完善。具体表现在以下几方面。

其一，确立了职业教育部际联席会议制度的产教融合工作机制。1991 年《国务院关于大力发展职业技术教育的决定》初步明确了“各级政府及中央与地方的各有关部门要对职业技术教育分工负责”的机制。2002 年《国务院关于大力推进职业教育改革与发展的决定》（国发〔2002〕16 号）正式提出“职业教育工作部际联席会议制度”，即“在国务院领导下，建立职业教育工作部际联席会议制度，研究解决职业教育工作中的重大问题”。2005 年《国务院关于大力发展职业教育的决定》（国发〔2005〕35 号）进一步明确：“要充分发挥职业教育工作部际联席会议的作用，统筹协调全国职业教育工作，研究解决重大问题”。将“统筹协调”这一重大功能直接赋予部际联席会议，保证了在职业教育发展过程中各部委之间的协调一致。2014 年《国务院关于加快发展现代职业教育的决定》（国发〔2014〕19 号）表述为：“充分发挥职业教育工作部门联席会议制度的作用，形成工作合力。”2019 年《国家职业教育改革实施方案》明确了联席会议的组成部门和召集人，即“国务院职业教育工作部际联席会议由教育、人力资源社会保障、发展改革、工业和信息化、财政、农业农村、国资、税务、扶贫等单位组成，国务院分管教育工作的副总理担任召集人”；明确联席会议的工作职责，即“联席会议统筹协调全国职业教育工作，研究协调解决工作中重大问题，听取国家职业教育指导咨询委员会等方面的意见建议，部署实施职业教育改革创新重大事项”；明确各参与部门的分工：“国务院教育行政部门负责职业教育工作的统筹规划、综合协调、宏观管理，国务院教育行政部门、人力资源社会保障行政部门和其他有关部门在职责范围内，分别负责有关的职业教育工作；”明确会议制度：“每年召开两次会议，各成员单位就有关工作情况向联席会议报告；”明确了具体工作范围：“各成员单位要加强沟通协调，做好相关政策配套衔接，在国家和区域战略规划、重大项目安排、经费投入、企业办学、人力资源开发等方面形成政策合力。”这也意味着国务院职业教育工作部际联席会议制度正式走向规范化和实体化，成为产教融合实施的重要组织保障。

其二，混合所有制改革为校企深度合作实现了政策性突破。2005 年《国务院关于大力发展职业教育的决定》首次提出混合所有制办学体制，即“公办职业学校要积极吸纳民间资本和境外资金，探索以公有制为主导、产权明晰、多种所有制并存的办学体制”。这是从学校层面就“多种所有制并存”的职业院校予以规定，为职业院校的混合所有制改革提供了政策依据，对职业院校校企合作往“深水区”发展初步扫清了政策障碍。2014 年《国务院关于加快发展现代职业教育的决定》从激发职业教育办学活力的角度提出：“探索发展股份制、混合所有制职业院校，允许以资本、知识、技术、管理等要素参与办学并享有相应权利。”《国家职业教育改革实施方案》进一步明确：“支持和规范社会力量兴办职业教育培训，鼓励发展股份制、混合所有制等职业院校和各类职业培训机构。”目前国家以职业教育创新高地建设为先行，鼓励部分省份探索在二级学院、实习实训基地等层面的混合所有制改革。

其三，产教融合建设试点工作为校企合作提供良好生态环境。国家为推动企业的办学主体作用，自 2019 年开始在全国遴选产教融合型城市试点、评选产教融合型企业、组建产教融合型职教集团，截至目前“全国已建设了 21 个国家产教融合型城市，培育了 2 400 多家国家、地方产教融合型企业；全国已组建了 1 500 多个职业教育集团（联盟）”。以各省为主体，开展省级层面产教融合项目评选，如《浙江省产教融合“五个一批”工作方案》提出在“十三五”时期要“培育 10 个以上在全国具有广泛知名度和影响力的产教融合联盟；创建 20 个以上集聚全省高素质人才和高新技术产业的产教融合示范基地；培育 30 家以上产教融合试点企业；建成 40 个以上装备水平国内一流、产教深度融合的工程项目（实验实习实训基地）；实施 200 个以上产学合作协同育人项目”的目标，在“十四五”期间，“五个一批”产教融合项目依然在持续开展。产教融合城市和产教融合型企业在其中的作用最为明显，也是我国对于产教融合顶层设计的一个制度性创新。产教融合型城市的出现，意味着主要以服务地方经济社会发展为己任的功能定位，需要职业院校能够处在一个全方位实施产教融合的地区环境中加以运行，能够通过“城校融合”真正实现职业教育与城市发展的相得益彰；而产教融合型企业则是将原来持续性开展校企合作的企业加以制度化，给予其应有的地位和功能，国家对这类企业在税收、土地等方面给予诸多政策照顾和补贴，有效提高了企业对职业教育办学的热情，有助于解决长期以来“校热企冷”的痼疾。

四、校企合作向平台化方向发展

校企合作在初创阶段以校办工厂、订单式培养为主要形式，校企合作是以校企之间的点对点联系合作。当前，在校企合作的新发展阶段，校企之间谋求更为广泛而持久的合作模式，以促进职业教育资源的双向融合。

一是职业教育集团的大量建立。职教集团是广泛联合中高职院校、行业企业等各类组织的校企合作综合体，是为实现职业教育各利益相关者之间的资源共享、优势互补、合作发展的综合性职教平台。“职教集团”在 21 世纪初期即已出现，2004 年的《教育部关于以就业为导向深化高等职业教育改革的若干意见》（教高〔2004〕1 号）中提出：“要重视地方政府在高等职业教育规划和发展中的统筹、协调等作用，有条件的地区可以根据需要组建机械、电子等不同类别、各具特色的‘职教集团’，探索产学研结合发展高等职业教育的新道路。”2005 年《国务院关于大力发展职业教育的决定》提出“推动公办职业学校资源整合和重组，走规模化、集团化、连锁化办学的路子”，2009 年教育部据此发布了第一个“职业教育集团化办学”的文件《教育部关于加快推进职业教育集团化办学的若干意见》，此后职教集团在职业教育领域广泛出现。2015 年教育部再次印发第二个职教集团建设文件——《教育部关于深入推进职业教育集团化办学的意见》，并于 2019 年启动示范性职业教育集团（联盟）建设工作，目前已完成遴选培育两批共计 299 个，其中由高职院校单独牵头组建的有 245 个，占比高达 82%，成为集团化办学的主力（见表 3-2）。

表 3-2　全国示范性职业教育集团培育单位统计

单位：个

年份	批次	高职院校牵头	中职学校牵头	企业牵头	双牵头	其他	合计
2020 年	第一批	112	20	1	12	4	149
2021 年	第二批	133	10	2	4	1	150
合计		245	30	3	16	5	299

二是产业学院的广泛涌现。中国高职院校产业学院诞生于 2006 年浙江经济职业技术学院与浙江物产集团合作共建的物流产业学院和汽车后服务连锁产业学院，成熟于中山职业技术学院与中山市各专业镇共建的专业镇产业学院模式。职业院校在产业学院方面的实践探索早于 2017 年《国务院办公厅关于深化产教融合的若干意见》中提出的“鼓励企业依托或联合职业学校、高等学校设立产业学院”，以及后来赋予新工科建设的“现代产业学院”专门项目。在 2020 年教育部等启动“现代产业学院”建设项目之前，高职院校设立的“产业学院”已经呈现遍地开花之势，只是以前多以“特色学院”“企业学院”等形式出现。如 2014 年《现代职业教育体系建设规划（2014—2020 年）》中提出的“探索举办特色学院。鼓励大型企业、科研机构和行业协会举办或参与举办以服务产业链为目标，主要依托企业开展教学实训，人才培养和职工培训融为一体，产教、科教融合发展，专业特色明显的特色学院，新增一批优质高等职业教育资源”。如今，职业院校设立的“产业学院”已经糅合混合所有制办学体制，大踏步走向“混合所有制产业学院”建设的新阶段。

三是职业院校实现了“与企业联盟、与行业联合、同园区联结”的多种形式校企合作平台性合作。如在县域经济兴起时，高职院校下沉县域办学，涌现出规模庞大的“县域高职学院”；当带有产业集聚特征的特色小镇、专业镇兴起时，高职院校迅速行动深入特色小镇开展办学活动，形成“镇校合作”新模式；高职院校在块状经济分布明显的地区，联合产业集聚区、工业园区办学等。浙江安防职业技术学院与浙江省山区 26 县的首善县、平阳县合作共建“平阳学院”，直接对接平阳“智能制造与新材料”产业集群，服务山区县共同富裕示范标杆建设；与正泰物联传感产业园等新兴信息技术产业集聚区共建“浙南物联网产业学院”；与浙江云谷数据有限公司共建“浙江云谷数字经济产业学院”，实施“镇校合作”，提前谋划将乐清市磐石镇打造成为“数字经济特色小镇”。

五、校企深度合作全面覆盖职业院校五大功能

在 20 世纪八九十年代的产教融合时代，校企之间的联系与对接主要是在人才培养方面，同时承担部分技能培训等社会服务功能；在 20 世纪 90 年代末到 21 世纪初，曾有短暂的“产学研结合”时代，技术服务等科学研究功能开始在校企合作领域出现；21 世纪的第二个十年，职业教育实行职业教育与技能培训并举、产学研合作全面深入、文化传承与创新功能逐渐凸显。可以说，校企合作已经深入渗透到职业院校人才培养、科学研究、社会服务、文化传承与创新、国际交流与合作五大功能区，形成了校企双方的全方位合作局面。

一是在人才培养领域，校企之间借助生产性实训基地建设，通过订单式培养的传统模式，采取中国特色学徒制（包括以企业为主的企业新型学徒制和以职业学校为主的现代学徒制）新型模式，实施“学历证书 + 职业技能等级证书”制度等，在人才培养方案制定、专业规划、课程设置、教材开发、教学实施、招生就业等方面开展全面合作，实现了“专业与产业、职业岗位对接，专业课程内容与职业标准对接，教学过程与生产过程对接，学历证书与职业资格证书对接，职业教育与终身学习对接”的“五个对接”。

二是在科学研究领域，校企双方通过共建工程实践中心、技术协同创新中心、技术工艺和产品开发中心、产学研一体化研发中心、技能大师工作室等载体形式，在新技术应用、技术研发、新产品开发等方面开展全面合作，对于职业院校提高技术的传承创新和应用研发能力产生了积极作用，以此形成以职业院校为中心的技术技能积累创新高地。在 2019 年《高等职业教育创新发展行动计划（2015—2018 年）》的项目认定中明确建设 480 个协同创新中心，全国共有 353 所高职院校建设入选该名单，这也是目前为止多数高职院校获得的唯一全国级的科研平台（见图 3-1）。

三是在社会服务领域，国家鼓励职业院校承担企业的员工培训和技能提升，如提倡“中小企业应依托职业学校和职业培训机构进行职工培训和后备职工培养”（《国务院关于大力推进职业教育改革与发展的决定》），“企业可以依托职业院校进行员工的培养培训”（《教育部关于职业院校试行工学结合、半工半读的意见》），“鼓励行业组织、企业举办职业学校，鼓励委托职业学校进行职工培训”（《国家中长期教育改革和发展规划纲要（2010—2020 年）》），“利用职业院校资源广泛开展职工教育培训”（《国务院关于加快发展现代职业教育的决定》），“鼓励企业将职工教育培训交由高等职业院

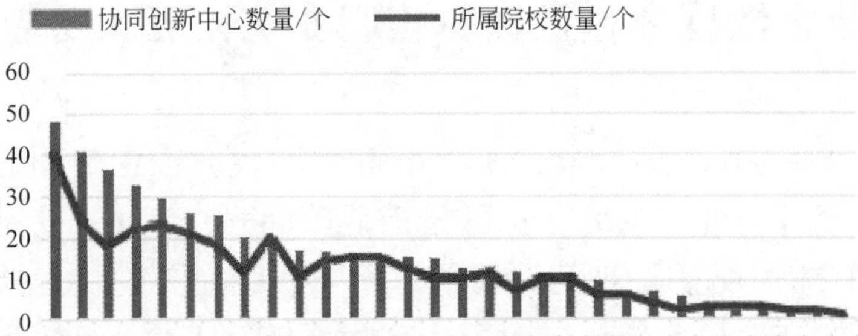

	江苏	山东	广东	湖北	湖南	浙江	河北	安徽	福建	陕西	天津	广西	河南	江西	上海	云南	重庆	贵州	甘肃	山西	黑龙江	辽宁	新疆	宁夏	北京	海南	内蒙古	青海	四川	西藏
协同创新中心数量/个	49	41	37	33	30	26	25	20	20	17	17	16	15	15	15	13	13	12	11	11	10	7	7	6	3	3	3	2	2	1
所属院校数量/个	40	24	18	22	23	21	18	11	20	10	14	15	15	12	10	10	11	7	10	10	6	6	4	2	3	3	3	2	2	1

图 3-1　教育部认定协同创新中心各省分布情况

校承担，鼓励企业与学校共建共管职工培训中心”（《高等职业教育创新发展行动计划（2015—2018 年）》）等。党的十九大报告进一步指出“完善职业教育与培训体系”，明确“职业教育与培训并举”，2021 年《关于推动现代职业教育高质量发展的意见》提出“推动职业学校在企业设立实习实训基地、企业在职业学校建设培养培训基地”等，标志着学校与企业在技能培训方面展开了全面合作。

四是在文化传承与创新领域，如 2015 年的《高等职业教育创新发展行动计划（2015—2018 年）》提出：“依托职业教育体系，保护、传承和创新民族传统工艺与非物质文化遗产，培养各民族文艺人才。支持高等职业院校加强民族文化和民间技艺相关专业的建设和人才培养。”2013 年教育部、文化部、国家民族事务委员会颁布的《关于推进职业院校民族文化传承与创新工作的意见》（教职成〔2013〕2 号）提出“推进职业院校民族文化传承与创新是发挥职业教育基础性作用，发展壮大中华文化的基本要求”，“是提高技术技能人才培养质量，服务民族产业发展的重要途径”，要求相关职业院校“与文化企事业单位共建文化人才培养基地，共同制订专业人才培养方案。积极试行多学期、分段式等灵活多样的教学组织形式，改革教学方法和手段，将学校的教学过程和企业生产过程紧密结合，校企合作共同完成教学任务，推进职业教育与民族特色产业、文化产业发展的双向互动”。

五是在国际交流与合作领域，2014 年《国务院关于加快发展现代职业教育的决定》提出：“推动与中国企业和产品‘走出去’相配套的职业教育发展模式，注重培养符合中国企业海外生产经营需求的本土化人才。”2021 年《关于推动现代职业教育高质量发展的意见》提出：“探索‘中文 + 职业技能’的国际化发展模式。服务国际产能合作，推动职业学校跟随中国企业走出去。”

例如，在 2022 年 8 月首届世界职业技术教育发展大会上公布的全国首批 25 个鲁班工坊运营项目，浙江省 2022 年 6 月公布的首批高职院校建设的 22 所“一带一路‘丝路学院’”，几乎采用的都是高职院校伴随企业走出去的海外办学模式（见表 3-3 和表 3-4）。

表 3-3 全国首批鲁班工坊名单

项目名称	学校名称
埃及鲁班工坊（艾因夏姆斯大学）	天津轻工职业技术学院、天津交通职业学院
埃及鲁班工坊（开罗高级维修学校）	天津轻工职业技术学院、天津交通职业学院
埃塞俄比亚鲁班工坊	天津职业技术师范大学
巴基斯坦鲁班工坊	天津现代职业技术学院
保加利亚鲁班工坊	天津农学院、天津市经济贸易学校
贝宁鲁班工坊	宁波职业技术学院
吉布提鲁班工坊	天津铁道职业技术学院、天津市第一商业学校
加蓬鲁班工坊	成都航空职业技术学院
柬埔寨鲁班工坊	天津中德应用技术大学
科特迪瓦鲁班工坊	天津理工大学
肯尼亚鲁班工坊	天津城市职业学院
肯尼亚鲁班工坊	陕西铁路工程职业技术学院
卢旺达鲁班工坊	金华职业技术学院
马达加斯加鲁班工坊	天津机电职业技术学院、天津市机电工业学校
马里鲁班工坊	天津医学高等专科学校、天津市红星职业中等专业学校
摩洛哥鲁班工坊	天津商务职业学院
南非鲁班工坊	天津职业大学
尼日利亚鲁班工坊	天津中德应用技术大学、天津铁道职业技术学院
葡萄牙鲁班工坊	天津机电职业技术学院
塞尔维亚鲁班工坊	浙江旅游职业学院
泰国鲁班工坊	天津渤海职业技术学院、天津铁道职业技术学院
乌干达鲁班工坊	天津工业职业学院
印度鲁班工坊	天津轻工职业技术学院、天津机电职业技术学院
尼日利亚鲁班工坊	天津市东丽区职业教育中心学校
英国鲁班工坊	天津市经济贸易学校

表 3-4 浙江省首批高职院校建设的“一带一路‘丝路学院’”名单

学校名称	丝路学院名称
浙江交通职业技术学院	浙江交通海外丝路学院
	老挝占巴色丝路交通学院
金华职业技术学院	卢旺达穆桑泽丝路学院
宁波职业技术学院	中斯丝路学院
	中贝丝路学院 / 中非（贝宁）职业技术教育学院
温州职业技术学院	温州职业技术学院亚龙丝路学院

续表

学校名称	丝路学院名称
浙江旅游职业学院	中俄旅游学院
	中塞旅游学院
	中意厨艺学院
杭州职业技术学院	中非（尼日利亚）丝路工匠学院
浙江商业职业技术学院	西班牙中餐学院
	中尼商学院
浙江金融职业学院	浙金院·华立丝路学院
浙江经贸职业技术学院	中乌经贸丝路学院
	康博丝路学院
浙江经贸职业技术学院、浙江机电职业技术学院	泰中罗勇丝路学院
浙江建设职业技术学院	中菲“一带一路”建筑技能人才丝路学院
浙江纺织服装职业技术学院	中罗丝路工匠学院
义乌工商职业技术学院	马来西亚义乌丝路学院
浙江经济职业技术学院	马来西亚鲁班工坊
浙江国际海运职业技术学院	浙江－巴斯国际海事学院
温州科技职业学院	乌兹别克斯坦鹏盛丝路学院

第三节　高等职业教育校企合作面临的困境

“产教融合、校企合作”作为最能够体现职业教育的类型特征，是职业院校一以贯之的基本办学途径。然而长期以来，学校和企业两个主体之间是相对独立的，“两张皮”现象时有存在，校企之间的深度合作还存在一些普遍性的问题。

一、政策法规约束有限

一直以来，职业教育领域的校企合作是以政策文件形式予以约束的，尽管历次国务院颁布的有关加快发展现代职业教育的相关重磅文件对产教融合（产教结合）、校企合作都有大篇幅阐述，但政策层面的文件多数是倡议性而非约束性，无法形成对校企双方——特别是企业方进行刚硬约束，这也是长期以来校企合作存在职业院校“剃头担子一头热”的原因之一。因此，有必要就校企合作颁布专门立法以明确校企双方在校企合作中的权利义务关系。

尽管国家在 2018 年针对校企合作出台了《职业学校校企合作促进办

法》，但其仅是教育部的部门规章，还没有上升到具有强制约束力的法律层面。2022 年新修订的《职业教育法》相比 1996 年在校企合作方面的条款规定要翔实得多，但也主要停留在“鼓励”“应当”等软性约束阶段，特别是对于校企合作中没有承担相应责任义务时的惩戒措施没有明确规定，导致其对校企合作行为的法律约束效应无法切实见效。

二、信息沟通存在障碍

在职业教育领域，因为职教界和产业界是两个相对独立的领域，要实现校企深度合作，首先要做到两个领域之间信息通畅，两者之间需要拥有信息沟通的桥梁。只是就目前的实际工作看来，在这一方面尚为缺乏。主要表现为，产业界和具体企业的信息很难及时传达到职教领域。纵观国际职业教育发达的国家，在产教融合、校企合作方面开展得较为成功，其重要因素在于，在职教界和产业界之间存在行业协会这一组织机构，其发挥着关键的中介作用。而我国的行业协会组织发展相对缓慢，因此，当职业教育从“点对点”的校企合作上升到“面对面”的产教融合，产业界与职教界之间的“信息壁垒”便会成为双方深度融合、顺利合作的障碍。

目前，依靠政府机构主导的产教对接谱系图是畅通产业与教育、学校与企业的有效途径。《职业教育提质培优行动计划（2020—2023 年）》首次明确“建立产业人才数据平台，发布产业人才需求报告，促进职业教育和产业人才需求精准对接。研制职业教育产教对接谱系图，指导优化职业学校和专业布局”。产业人才数据平台和产教对接谱系图将能够弥补校企双方之间长期存在的信息鸿沟，使得职业学校能够了解培养什么样的人才方能满足企业的需求，企业能够清楚所需要的人才可以从哪些院校获取，可以大大提高产教融合、校企合作的效率。然而，建设产业人才数据平台的工作量巨大，目前尚未对职业教育产教融合、校企合作产生直接的信息引导作用。

三、双元主体行动不对等

一是企业参与职业教育发展的动力不足。首先必须承认的事实是企业是逐利的。要求企业主动参与职业教育，并且成为办学主体之一，需要让企业在校企合作中看到实实在在的利益。大部分企业参与职业教育主要通过共建实训基地途径，但对实训基地的投入主要采取设备捐赠形式，企业并不能从中获益。即便是校中厂、厂中校模式，也基本是小规模运作，收益值比较低，除了产生品牌效应之外，企业并不期望通过校企共建工厂的方式获取可观的利润。目前比较流行的方式是校企双方合作共建混合所有制二级学院，企业可以投入实训设备和成套的员工培训体系，混合所有制学院可以借助公办民营的模式来提高学生学费，以维持学院基本运转。但截至目前，关于混合所有制学院建设，还没有出台国家层面的混合所有制办学统一规范，企业的参与热情并没有预期那样高涨。

二是职业学校参与企业发展的能力不足。如今的校企合作已从原来希望学校给企业提供用得上的人才，转变到技术研发、员工技能提升等多个方面。而面对企业的新技术应用、技术改造与升级、新产品研发等迫切需求，职业学校并没有足够的能力回应企业需求，帮助企业解决问题。

四、形式主义现象依然存在

当前，一些校企合作行为尚存在异化现象，其中尤以形式主义为重。主要表现在三个方面，一是止步于“签约式合作”。校企合作过程中，常存在一旦战略合作协议签订完毕便束之高阁，项目推进缓慢，甚至不再有实质性合作行为。长此以往，给合作企业留下“花架子”印象，难以建立起深度的、长久的合作关系。二是功利主义倾向严重。因为实体大中型企业没有过多时间和精力去维护校企合作关系，往往通过成立或委托一些专门教育公司负责校企合作相关事务。而这些教育公司有业绩考核要求，往往选择出售教学仪器、实训设备、教学软件、培训课程等方式与学校建立合作关系，而实际的校企深度合作却没有建立起来。三是存在短期合作行为。由于校企之间的深度合作关系并没有真正建立起来，往往短短几年合作就不了了之，学校不得不重新寻求合作企业从头再来，导致大量资源浪费和重复建设。

上述校企合作存在的问题，加之 2019 年 12 月以来的新冠疫情更是让校企合作“雪上加霜”。在新冠疫情的冲击下，全球经济持续衰退、下行趋势明显，行业企业深感凛然寒意，企业自顾不暇，校企合作难上加难。在特殊时期为破解校企合作的困局，教育部率先行动开展“高等职业院校书记校长访企拓岗专项行动”，一方面为破解职业院校校企合作难题，另一方面举职业教育全力为企业纾困解难，旨在真正实现“产教命运共同体”。

一是将访企拓岗确立为“一把手工程”，促使全校上下高度重视校企合作工作。截至目前，全国 1 400 余所高职院校书记、校长的企业拜访量达到校均 100 家，为职业院校拓展与企业之间的合作空间、稳固合作关系提供直接帮助。

二是书记、校长与企业负责人面对面交流，有助于消解校企双方的“信息壁垒”。校企双方高层互访，就企业的人才需求层次和结构、专业面向、薪资福利待遇等内容进行信息沟通，职业院校也可以向企业全面展示学校的人才培养能力、技术研发水平等，在面对面的信息交换中可以深入了解双方的供需情况，为展开校企合作打好基础。

三是特殊时期“双元主体”的互访交流，可以增加彼此的主动性和积极性。如学校需要推介毕业生、展示合作诚意，企业需要学校为其解决人才供给、技术研发等，新冠疫情常态期校企双方都较为主动积极，访企拓岗在一定程度上实现了职业教育“双元主体”行动的对等性。

四是校企高层直接对话，促使合作更为务实更易落地，一定程度上可以解决校企合作的形式主义问题。如同欧美国家校长的主要职能是负责为学校筹款，中国的职业院校书记、校长也可以以访企拓岗为契机，切实将推动产教融合、校企合作作为自己的第一要务，为深化产教融合、校企合作树立标杆。

第四章　高职院校访企拓岗促就业专项行动的实践分析

第一节　访企拓岗促就业专项行动的总体情况

一、访企拓岗促就业专项行动的提出

党中央、国务院高度重视高校毕业生就业工作。习近平总书记多次对做好高校毕业生就业工作做出重要指示批示。国务院印发的《"十四五"就业促进规划》明确要求，持续做好高校毕业生就业工作。为贯彻落实党中央、国务院关于高校毕业生就业工作的决策部署，加快健全高校毕业生市场化社会化的就业创业工作机制，千方百计开拓更多就业创业岗位和机会，深入落实就业工作"一把手"工程，教育部决定开展全国高校书记校长访企拓岗促就业专项行动。通过开展专项行动，深入落实高校毕业生就业工作"一把手"工程，充分发挥高校书记、校（院）长以及校领导班子成员带头做好毕业生就业工作的重要示范作用，带动学校全员深度参与做好高校毕业生就业工作，全面深化校企合作、供需对接，既立足为高校毕业生开拓更多就业创业岗位和机会，又着眼长远构建高校毕业生市场化、社会化的就业工作机制，全力促进高校毕业生更加充分更高质量就业。

根据教育部党组对高职院校毕业生就业创业工作的批示要求，教育部职成司扎实推进高职院校书记校长访企拓岗促就业专项行动，优化线上信息填报系统，建立专项调度机制，指导各高职院校明确工作目标，压实各高职院校主体责任，实现访企拓岗全覆盖，找准校企合作契合点，促进毕业生充分高质量就业。

二、访企拓岗促就业专项行动的实施

教育部职成司成立“高职院校书记（校长）带队拜访用人单位跟踪评估研究课题”，委托中国教育科学研究院职业教育与继续教育研究所专人负责。课题组开发访企拓岗专项行动信息填报系统，院校可以根据实际情况实现每所高职院校书记、校长拜访用人单位的目标，切实达到推动毕业生就业的目标。信息填报系统包括书记、校长亲自带队，实地走访企业活动情况，以及企业家进校园活动情况，具体包括拜访时间、拜访方式、拜访企业相关信息、企业可提供的就业岗位数量、具体方位与薪酬、毕业生就业状况、就业典型案例、就业存在困难以及其他达成合作的意向或状况等信息。为后续访企拓岗专项行动报告的形成、专项行动的具体成效提供了有效的信息来源与宝贵的数据支撑。基于平台数据的分析，课题组于 2021 年 11 月、2022 年 6 月和 8 月分别形成《高职书记校长访企拓岗专项工作报告》，阶段性跟踪总结专项工作的成效及经验，成为访企拓岗专项行动的重要依据，为访企拓岗专项行动的过程性分析、成果总结提高及下一步专项行动的发展方向提供宝贵的借鉴经验。

报告显示，各地将访企拓岗作为“一把手”工程，坚持“请进来”与“走出去”相结合、线上与线下相互促进，多措并举开拓就业渠道和岗位。截至 2022 年 8 月 25 日，全国 1 388 所高职院校 2 773 名书记、校长，共走访用人单位超过 12 万次，校均拜访企业 82.2 家，书记校长人均走访企业超过 41 家。有 16 所高职院校拜访企业数量超过 150 家，7 所高职院校走访企业总量超过 200 家。高职院校实地走访比例达到 40.43%，山东、广东、江苏等教育大省，总拜访次数领先全国。“云宣讲”“云招聘”“直播带岗”，从高校到企业，人才对接服务的“最后一公里”，正在被书记、校长们用脚丈量，用诚意打通。通过访企拓岗促就业专项行动，实现了以下三个目标。

一是广泛开拓就业渠道和就业岗位，为毕业生创造实习与就业机会。高校充分调动教学、科研、校友等各方面资源，主动走进园区、走进行业、走进企业。通过走访，与相关单位建立就业合作渠道，邀请一批用人单位到学校招聘人才，努力为毕业生挖掘更多岗位资源，提供更多优质和精准的就业信息；建立一批毕业生就业实习实践基地，为毕业生创造更多实习和就业机会；发掘一批吸纳毕业生稳定就业的优质企业和单位，打造就业先进典型。

二是深入开展社会需求调查，增强人才培养针对性和适应性。深度了解用人单位对毕业生的知识、能力、素质要求，认真分析所在行业的发展趋势和人才需求形势，查找学校学科专业设置、人才培养、就业服务等方面存在的短板，充分吸收用人单位的意见建议，为学校学科专业调整、人才培养方案制定、招生计划安排和就业指导服务提供参考和依据，不断增强人才培养的针对性和适应性。

三是开展毕业生就业状况跟踪调查反馈，推动学校深化教育教学改革。深入了解毕业生的工作情况、生活情况和发展情况，体现学校的关心关怀，增强学生扎根基层、无私奉献、报效祖国的信心；认真听取毕业生对学校人才培养工作的意见建议，不断改进就业指导服务的方式方法。深入了解用人单位对学校毕业生的满意度，以及在思想道德品质、职业素养、专业能力等方面的反馈意见，推动学校深化教育教学改革、提高人才培养质量。

第二节　访企拓岗促就业专项行动的有效实践

根据《高职书记校长访企拓岗促就业专项工作报告》，以下从政府、行业、企业、学校、学生等方面总结访企拓岗促就业专项行动的工作成效。

一、建立“走出去”“请进来”常态化机制，多措并举提高就业质量

各地将访企拓岗专项行动作为“一把手”工程，坚持“请进来”与“走出去”相结合、线上与线下互促进，多措并举开拓就业渠道和岗位。截至2022年8月25日，全国1 388所高职院校2 773名书记、校长共走访用人单位121 594次，校均拜访企业达82.2家，书记、校长人均走访企业超过41家。与2022年6月相比，走访院校增加11.49%，校均走访量提高78.31%，人均走访量提高40.92%。其中，山东、江苏、广东等省份走访总量领先于其他地区，江西、江苏、广东、安徽等省份近两个月走访次数增速相对较快，访企拓岗促就业工作扎实有效推进。2022年8月走访量前

10 名省份如图 4-1 所示。苏州工业园区职业技术学院充分利用董事单位企业、校友企业、区域产业资源优势，党政领导班子带队走访博世汽车部件（苏州）有限公司等 100 余家行业领军企业及大型国有企业，共计拓展优质就业岗位 2 000 余个，助力 2022 届毕业生高质量就业。

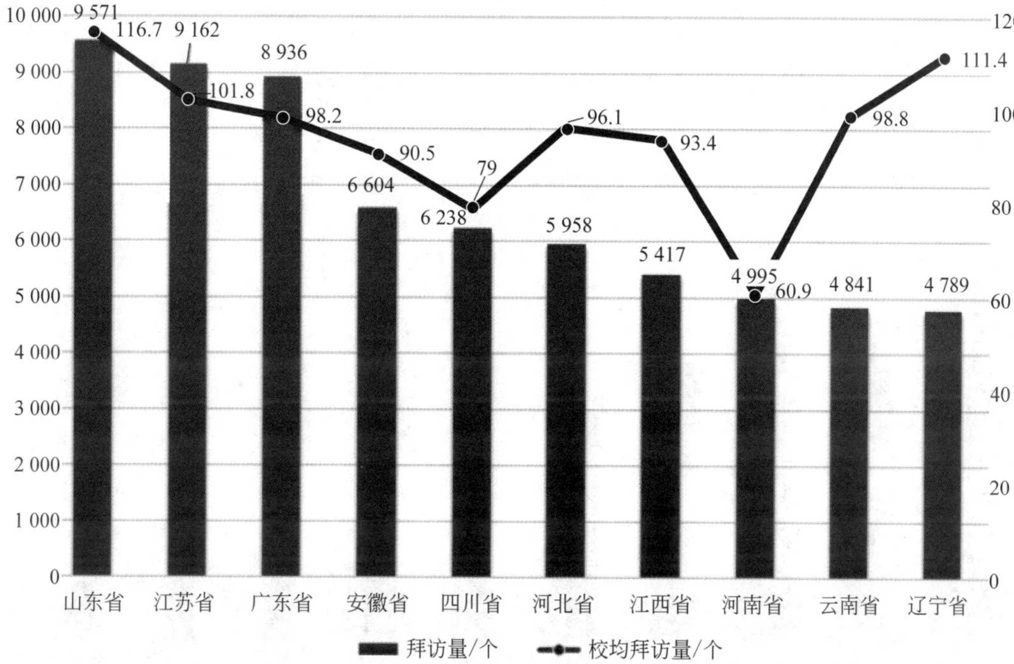

图 4-1　2022 年 8 月走访量前 10 名省份与校均走访次数情况分布

各高职院校聚焦先进制造、服务领域等 16 个行业产业，建立健全了"行政搭建平台，校企高效合作"的校企合作新机制。其中，走访的企业中制造业企业占比 18%，信息传输、计算机服务和软件业企业占比 11%，卫生、社会保障和社会服务业企业占比 9%。从企业规模来看，小微型规模企业占比 47.89%，大型规模企业占比 24.44%，中型规模企业占比 20.92%，高职院校助力小微型企业作用明显。同时，校企合作领域持续深化，一家企业与多所高职院校合作的比例逐步提高，校企合作呈现集群化的良好态势，校企的耦合度愈加紧密。

通过走访，充分调动企业优质岗位资源，进一步明确岗位供需，为高职院校毕业生提供更多实习就业机会，促进高职院校毕业生高质量就业。23 891 家企业接收高职院校实习生 614 470 人，与 2022 年 6 月相比，参与企业增加 24.12%，接收实习生比例提高 81.21%。18 956 家企业接收高职院校毕业生就业 356 305 人，较 2022 年 6 月相比，参与企业增加 23.09%，接收毕业生比例提高 81.22%。接收学生实习与就业人数前 10 名的省份如图 4-2 所示。南京工业职业技术大学常态化开展“优质企业请进来”活动，学校党政主要领导及领导班子成员带头做好毕业生就业工作的重要示范作用，邀请中国电子科技集团公司第五十五研究所、台积电（南京）有限公司、中兴通讯（南京）有限公司、中航工业南京机电液压工程研究中心、嘉环科技股份有限公司等行业领域重点企业进校座谈。不少企业反馈该校毕业生具有较强的实践能力，通过深入交流，企业进一步了解学校“分层分类、做学合一、双创融合”的人才培养模式，近 40 家企业与学校在实习就业和校企合作方面达成合作意向。

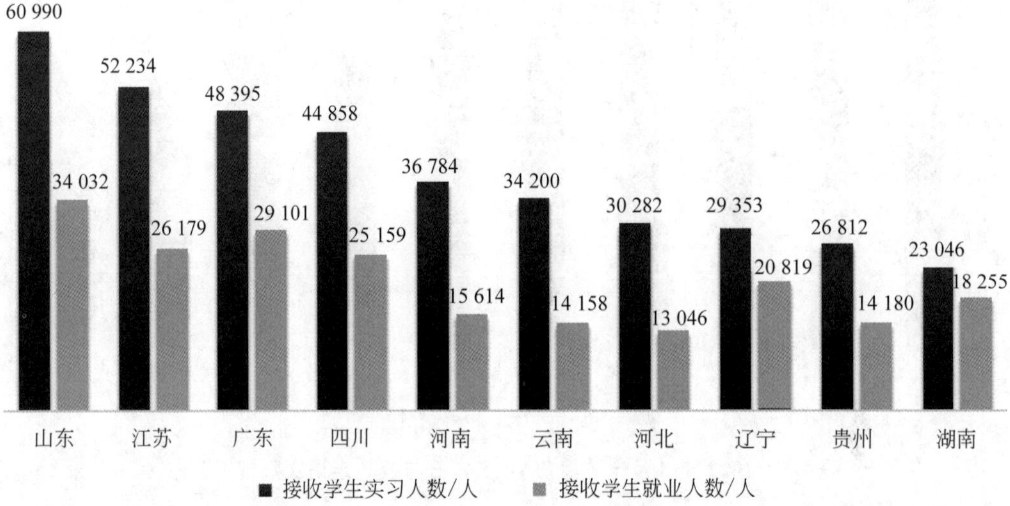

图 4-2　2022 年 8 月接收学生实习与就业人数前 10 名的省份分布图

与此同时，各地积极开展“优秀企业家进校园”活动，通过实地走访、集中活动等方式，行业头部企业主要领导、人力资源部门负责人等 6 317 人次走进高职院校，企业提供岗位数 241 315 个，搭建了企业家—师生面对面交流平台，为促进校企深度合作创造条件、提供可能，围绕专业建设、人才培养、实习就业、企业捐赠、基地建设等进行交流合作，双方共同创造良好氛围，为经济社会发展提供更多高素质技术技能人才。浪潮集团副总裁、浪潮软件股份有限公司党委书记赵绍祥走进河北工业职业技术大学，就新一代信息技术产业学院建设、工业互联网技术实训基地建设等方面展开深度合作，打通技术研发、成果转化及产业化通道，促进人才培养和产业技术的深度融合。广东工贸职业技术学院与广东汇博机器人有限公司开展深度合作，通过将智能制造领域拥有丰富技术工程经验的博士团队“请进来”，采取“项目 + 教师（工程师）+

学生”的方式精准开展人才培养，共同开发课程，共同完成广东省人工智能大赛，落实学生一次性进入企业就业，月起薪值超 8 000 元，高于同类岗位 40%。

二、政府大力支持，推动访企拓岗促就业专项工作开展

各地将访企拓岗专项行动列入书记、校长重要议事日程，把促进高职院校毕业生就业作为“我为群众办实事”的重要举措，每周调度各校访企拓岗实际情况，建立完善走访企业“一线规则”，鼓励书记、校长以实地走访为主，线上、直播等多种形式为辅，拜访用人单位和生产一线，深入了解毕业生就业岗位的能力需求、工作环境和薪酬待遇，积极为毕业生推荐优质岗位。截至 2022 年 8 月 25 日，山东、江苏、广东等教育大省总拜访次数领先全国，校均走访量较高的省份为山东、黑龙江、贵州、辽宁等。其中黑龙江省教育厅牵头组织高校赴本土优秀企业中国飞鹤（哈尔滨）有限公司开展校企对接调研；辽宁省根据当前疫情防控的实际情况，制定专项行动方案，指导各高校在保证做好疫情防控工作的基础上，及早行动，尽快落实，全力以赴开展好访企拓岗工作；无锡职业技术学院会同当地人社部门，积极开展访企拓岗。四川省广泛开展“书记校长联系百家企业”活动，要求各高校结合自身办学特点，聚焦省工业“5+1”、农业“10+3”、服务业“4+6”现代产业体系，主动对接省内有关行业企业，由书记、校长带队深入企业宣传介绍学校基本情况、优势学科、人才培养等情况，推动毕业生就业签约、实习实训基地建设等。该活动要求每所民办高职院校、“十三五”以来新设置高校、2021 年高校毕业生毕业去向落实率低于全省平均水平高校的书记校长联系企业不少于 100 家。

三、契合产业发展需求，提升服务区域经济建设水平

当前，全国高职院校共有专业布点 137 482 个，其中，第一产业相关专业占比约 1.20%，第二产业相关专业占比约 28.02%，第三产业相关专业占比约 70.78%。从走访企业所属行业看，第一产业相关企业占比 2.87%，第

二产业相关企业占比 31.08%，第三产业相关企业占比 66.05%。可见，走访企业与高职院校专业布局基本吻合（见图 4-3）。通过走访可以进一步加强高职院校专业与产业的契合程度，提升专业服务经济社会发展的能力。

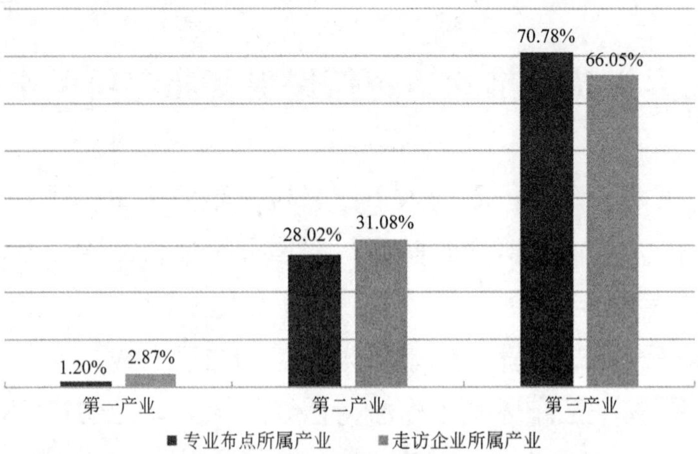

图 4-3　走访企业与开设专业占比三类产业分析图

数据显示，走访企业需求专业呈现明显的地域特征。其中，“东三省”走访企业需求专业主要集中在护理专业（3.58%）、机电一体化技术专业（3.40%）、电子商务专业（2.79%）、大数据与会计专业（2.33%）、机械制造及自动化专业（2.06%），与《东北全面振兴“十四五”实施方案》提出的“着力构建战略性新兴产业和传统制造业并驾齐驱、生产性服务业和生活性服务性相互促进、信息化和工业化深度融合的新格局”相吻合；“长三角”地区走访企业需求专业主要集中在机电一体化技术专业（6.53%）、市场营销专业（4.92%）、电子商务专业（4.76%）、计算机应用技术专业（2.87%）、电气自动化技术专业（2.65%），有效支撑了“长三角”经济区纺织、汽车制造、电子信息、机械装备等产业发展；“粤港澳大湾区”走访企业需求专业主要集中在电子商务专业（4.39%）、学前教育专业（4.15%）、护理专业（3.39%）、机电一体化技术（2.63%）、大数据与会计（2.43%），助力构建“大湾区”以先进制造业为支柱，以战略性新兴产业为先导，以现代服务业为支撑，以海洋经济为优势的现代产业体系。如图 4-4 所示，走访企业需求专业与经济区域特征紧密相关，对高职院校提升服务区域经济发展能力具有重要参考价值。山东商业职业技术学院聚焦财经商贸、电子与信息专业大类，与山东天元同泰会计师事务所有限公司等企业相约云端，实地走访烟台冰轮环境技术股份有限公司等企业，掌握用人单位需求，达成协同育人协议，培养企业真正需要的人才，助力国家“双高”专业群建设。

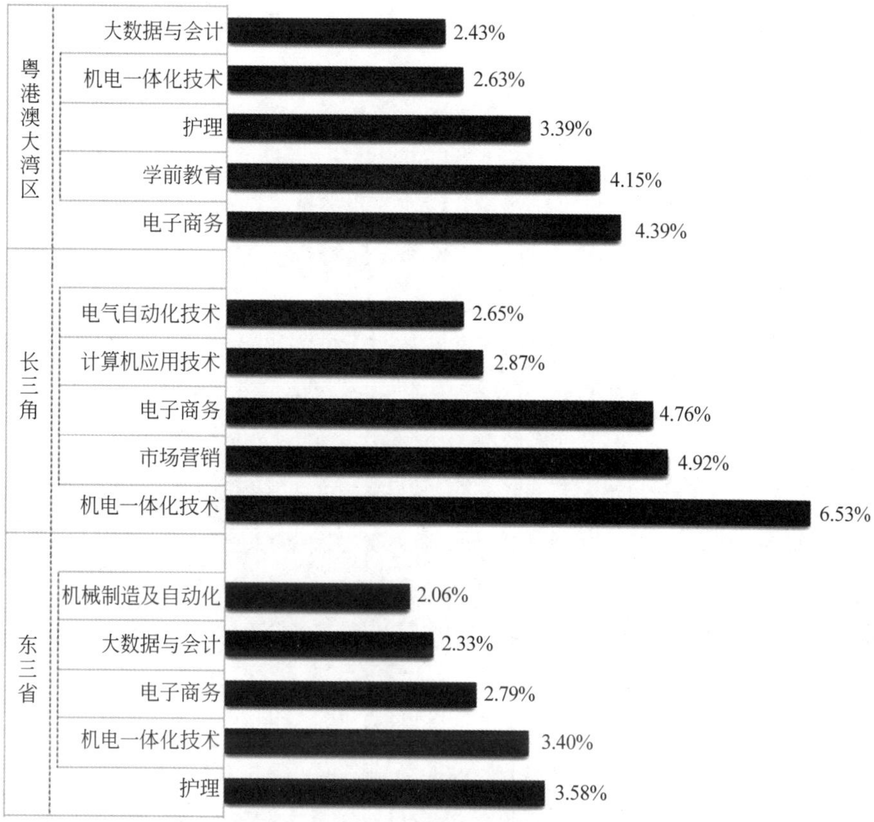

图 4-4　经济区域需求专业占比分析图

四、掌握企业岗位需要，对接人才培养与社会需求

一是调动企业优质岗位资源，提高专业与工作岗位关联度。通过开展高职书记校长访企拓岗促就业专项行动，充分调动了企业优质实习岗位资源，为高职院校毕业生提供跟岗学习机会，提升了学生综合素质和就业能力。同时，加强校企点对点岗位信息推荐，常态化归集筛选岗位信息，提升招聘精准度，促进高职院校毕业生高质量就业。走访企业中可提供岗位共计 1 916 792 个。从企业规模来看，微型规模企业占比 16.49%，小型规模企业占比 40.87%，中型规模企业占比 27.82%，大型规模企业占比 14.83%；从岗位所涉专业大类分布看，主要集中在装备制造（22.95%）、交通运输（18.81%）、财经商贸（15.64%）、电子与信息（11.95%）和医药卫生（6.47%）专业大类，相比较少的是轻工纺织（0.54%）、公共管理与服务（0.49%）、新闻传播（0.39%）、水利（0.15%）专业大类，客观上提升了学校专业设置与工作岗位的匹配程度，如图 4-5 所示。

图 4-5　企业提供岗位所属专业大类占比

二是企业提供实习就业岗位，呈现区域性聚集特征。从走访企业可提供的岗位分布区域看，全国 31 个省（自治区、直辖市）和新疆生产建设兵团中，华东地区占比 34.42%、华北地区占比 23.53%、西南地区占比 16.43%、华中地区占比 7.70%、华南地区占比 6.82%、东北地区占比 6.09%、西北地区占比 5.00%。从经济区域分布看，长三角地区占比 20.96%、京津冀地区占比 20.40%、珠三角地区占比 5.8%，如图 4-6 所示。从具体地区看，主要集中在河北、山东、江苏、广东、四川等地。作为我国人口和经济最为集中的三个区域，长三角、京津冀、珠三角三大经济区域的企业所提供岗位占到近五成，与经济发展、院校布局具有一定协同关系，对于分析高职学生就业面向和职业教育适应性具有重要价值。

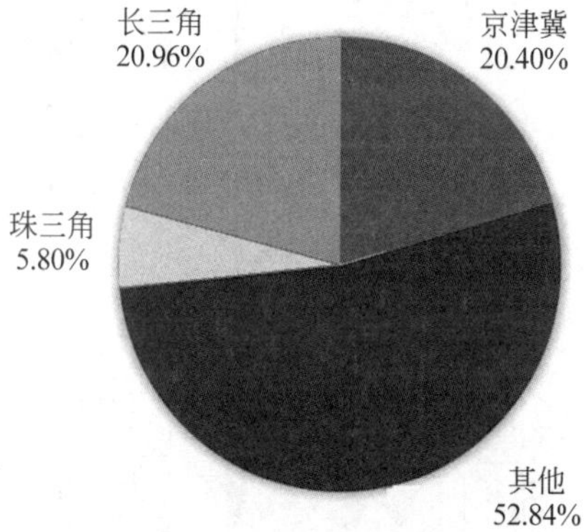

图 4-6　企业提供岗位所在经济区域占比

从三个经济区域走访企业可提供岗位数量的行业分布可以看出（见图 4-7），京津冀地区行业分布较为集中，主要分布在交通运输、仓储和邮政业，占比 68.28%；珠三角地区行业分布较为平均，主要集中在制造业，信息传输、软件和信息技术服务业，租赁和商务服务业，批发和零售业，占比分别为 17.05%、14.37%、11.46% 和 10.47%；长三角地区与珠三角地区行业分布结构相似，主要集中在制造业，交通运输、仓储和邮政业，信息传输、软件和信息技术服务业，批发和零售业，公共管理、社会保障和社会组织，占比分别为 16.75%、15.39%、14.23%、12.19% 和 11.33%。

三是知名企业抛出“橄榄枝”，构建校企合作新场域。通过走访，使得校企合作领域更宽、举措更实、平台更新。与华为、中兴通讯、新道科技、中国中铁、长城汽车、海康威视等知名企业达成合作意向的学校均超过 40 所，合作事项集中在实习就业（44.92%）、人才培养（19.72%）、专业建设（9.55%）、基地建设（8.08%）、科研与社会服务（6.89%）、产业学

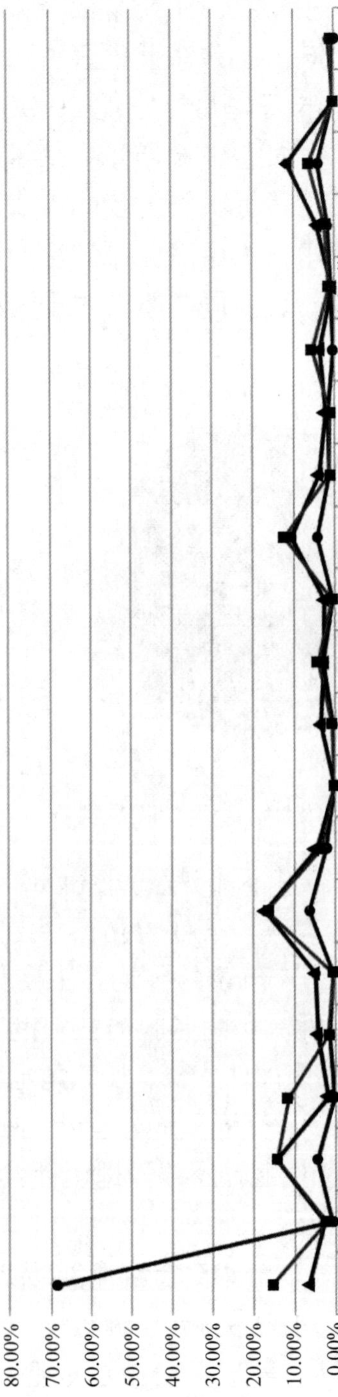

	交通运输、仓储和邮政业	住宿和餐饮业	信息传输、软件和信息技术服务业	公共管理、社会保障和社会组织	其他	农林牧渔业	制造业	卫生和社会工作	国际组织	居民服务、修理和其他服务业	建筑业	房地产业	批发和零售业	教育	文化、体育和娱乐业	水利、环境和公共设施管理业	电力、热力、燃气及水生产和供应业	科学研究和技术服务业	租赁和商务服务业	采矿业	金融业
京津冀	68.28%	0.71%	4.25%	0.14%	1.24%	0.40%	6.15%	2.05%	0.00%	0.40%	2.67%	0.38%	4.08%	1.19%	1.42%	0.15%	0.70%	1.45%	3.88%	0.24%	0.21%
珠三角	6.34%	2.54%	14.37%	1.63%	4.05%	4.71%	17.05%	4.28%	0.00%	3.29%	2.61%	2.41%	10.47%	3.60%	1.98%	3.41%	0.48%	4.10%	11.46%	0.06%	1.16%
长三角	15.39%	2.02%	14.23%	11.33%	1.59%	0.40%	16.75%	3.20%	0.00%	0.58%	3.88%	0.54%	12.19%	1.22%	0.97%	5.22%	1.21%	2.19%	6.14%	0.14%	0.83%

图 4-7 企业提供岗位所在经济区域占比

院（6.16%）、企业捐赠（0.51%）、其他（4.18%）等，如图 4-8 所示。湖北葛店经济技术开发区召集星途影视、苏宁物流、京邦达科技、万达瑞华酒店等 30 余家企业与学校开展深度合作对接会，就深化产教融合，加快企业紧缺专业人才培养，促进毕业生多渠道就业创业等展开深入交流，最终达成合作及用人意向，提供岗位 1 000 多个。

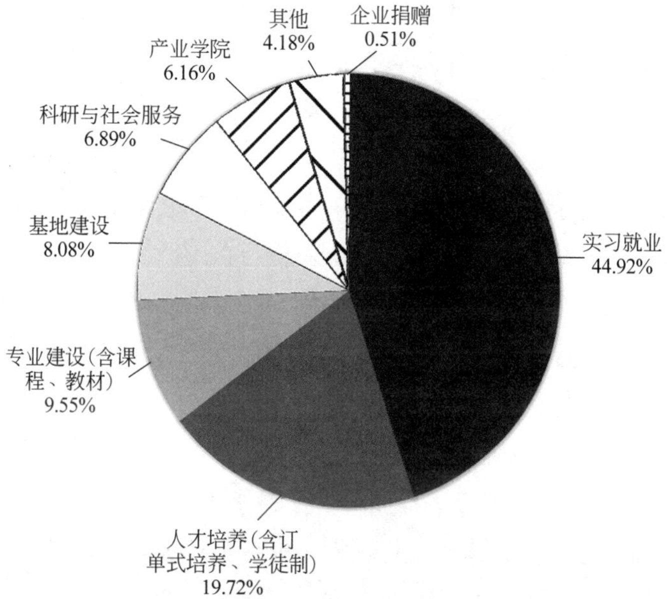

图 4-8　与知名企业拟开展合作事项占比

五、促进院校建设，推动校企合作持续发展

一是“双高”院校勇于担当，服务产业能力显著增强。各“双高”院校精准对接区域人才需求，进一步增加服务现代产业体系的能力。相比于全国平均水平，“双高”院校与企业合作的专业主要围绕智能制造等新兴产业和生产制造领域，重点包括机电一体化、电气自动化技术、机械制造与自动化等专业。从供给侧看，“双高”院校服务先进制造的人才供给能力更强，以实习和就业学生人数显示，占比不到 20% 的“双高”院校，总计向全国生产制造类行业输送近 30% 的实习就业学生。从需求侧看，企业对“双高”院校毕业生认可度更高，“双高”院校毕业生平均起薪每月比非“双高”院校毕业生高 30%“书记校长‘走下去’，深入一线用人单位，一是可以更加深入地了解人力资源市场对毕业生素质和能力的需求状况，改进和优化人才

培养机制；二是可以增加用人单位对学校的了解和信任，强化接受该校毕业生的意愿。”北京师范大学教授、博士生导师、战略人才研究中心创始主任王建民分析，人力资源市场需求的大小取决于企业（用人单位）生产经营活动的类型、强度和规模。“虽然从岗位资源总量来看，这一举措对可供毕业生选择的岗位从无到有、从少到多作用有限，但‘走下去’深入一线有助于获取信息，沟通协调，发现更多与本校毕业生对口的岗位资源和优质企业（单位）”。哈尔滨铁道职业技术学院本着“立足龙江、面向两铁一路（高铁地铁公路）、服务中铁”的办学方向，以“落地”就业，国有大型企业就业为重点，实施领导班子包片区、包企业，召开校企人才战略需求研讨会，签署订单协议、校企合作协议，畅通毕业生就业渠道。学院领导班子按照区域分工，深入企业围绕人才培养、实习实训、学生就业等方面进行深入交流，并就教学科研、课程共建、员工培训、职业认证等达成合作意向。截至 2022 年 8 月 24 日，哈尔滨铁道职业技术学院书记、校长通过线上或线下的方式走访了企业 117 家，拓展就业工作岗位近 1 500 个。

二是精准掌握企业岗位能力需要，动态调整专业布局结构。通过主动走进园区、走进行业、走进企业，高职院校能够精准掌握行业企业的就业岗位信息，深入了解行业企业对毕业生知识、能力、素质的要求。各高职院校坚持服务发展、促进就业的办学定位，进一步落实教育供给侧结构性改革新要求。走访合作的专业门类达到 752 个，基本覆盖高职专业目录。从供给侧看，会计、电子商务、机电一体化、市场营销等专业供给学校均达到了 500 所以上。从需求侧看，机电一体化、学前教育、护理、市场营销、电子商务等专业的合作企业，均达到了 5 000 家以上。高职院校开设专业基本适应市场需求的同时，仍需持续加强学前教育、护理等社会紧缺专业的人才供给。

从走访企业可提供岗位数看，第一产业可提供岗位占 2.14%，第二产业可提供岗位占 33.85%，第三产业可提供岗位占 64.01%。其中，排在前 3 位的岗位所属专业大类分别为装备制造（22.38%）、财经商贸（15.66%）、电子与信息（13.55%），排在后 3 位的分别为新闻传播（0.65%）、轻工纺织（0.47%）和水利（0.29%），这为高职院校有效服务国家制造业、现代服务业、新兴产业战略，科学设置专业和动态调整专业布局提供了有效支撑，如图 4-9 所示。

通过走访，高职院校书记、校长能够深入了解企业的需求岗位层次。数据显示，有 4.87% 的企业明确提出需要本科层次的高素质技术技能人才。在明确提出需求本科层次人才的专业中，需求岗位数量排在前 5 位的专业分别为：现代通信工程、智能制造工程技术、大数据与会计、电子商务、学前教育，为

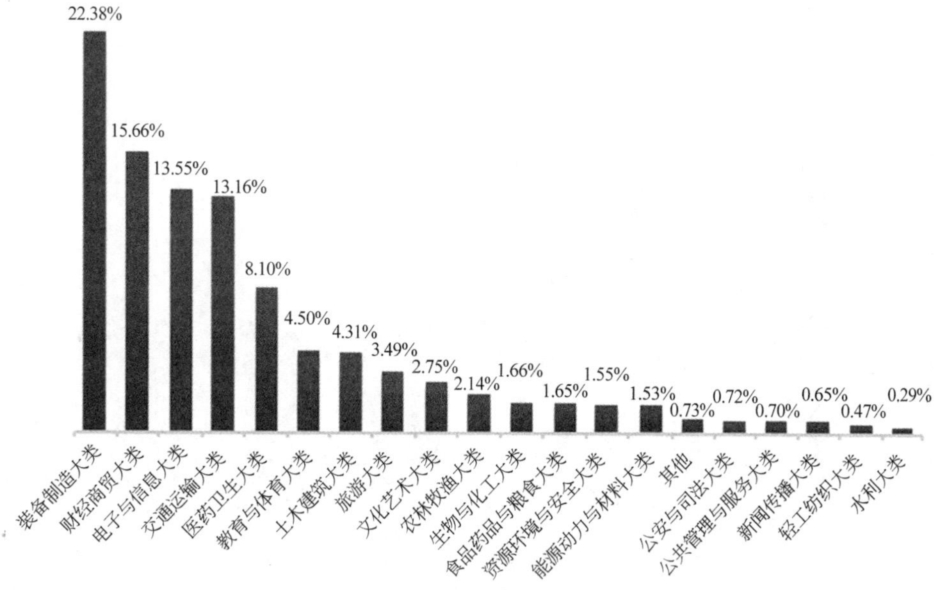

图 4-9　走访企业需求岗位所属行业占比分析图

高职院校契合产业高端和高端产业，稳步发展职业本科教育提供了有力参考。

三是促进学生实习就业，推动校企合作持续发展。通过开展书记校长走访用人单位活动，充分调动了企业优质实习岗位资源，为高职院校毕业生提供跟岗学习机会，提升了学生综合素质和就业能力。同时，加强校企点对点岗位信息推荐，常态化归集筛选岗位信息，提升招聘精准度，促进高职院校毕业生高质量就业。截至 2022 年 6 月 28 日，全国 11 807 家企业当年接收高职院校实习生共计 339 087 人，学生所学专业与企业所属行业对口率达 51.31%；9 405 家企业接收高职院校毕业生就业共计 196 620 人，学生所学专业与企业所属行业对口率达 52.78%。接收实习和就业学生数量较高的是山东、江苏、广东、云南、四川等地，与书记、校长访企拓岗情况成正比。从接收实习和就业学生的企业所属专业大类部分统计数据看，主要集中在财经商贸（18.96%/15.41%）、装备制造（16.06%/18.12%）、电子与信息（12.89%/13.84%）、医药卫生（9.43%/10.97%）、交通运输（8.01%/8.96%）等，如图 4-10 所示，新兴产业和生产制造领域就业难和用工难的问题得到一定程度缓解。

全国“双高”院校实习就业学生占比为 20.89% 和 21.90%，而“双高”院校数量仅占全国高职院校数量的 14.30%，可见，相对于“非双高”院校，“双高”院校对新兴产业和生产制造领域的人才供给能力更胜一筹，如图 4-11 所示。与此同时，企业提供岗位涉及专业大类比例与“双高”专业群所属专业大类比例基本一致，有力支撑了“双高”院校专业群建设。

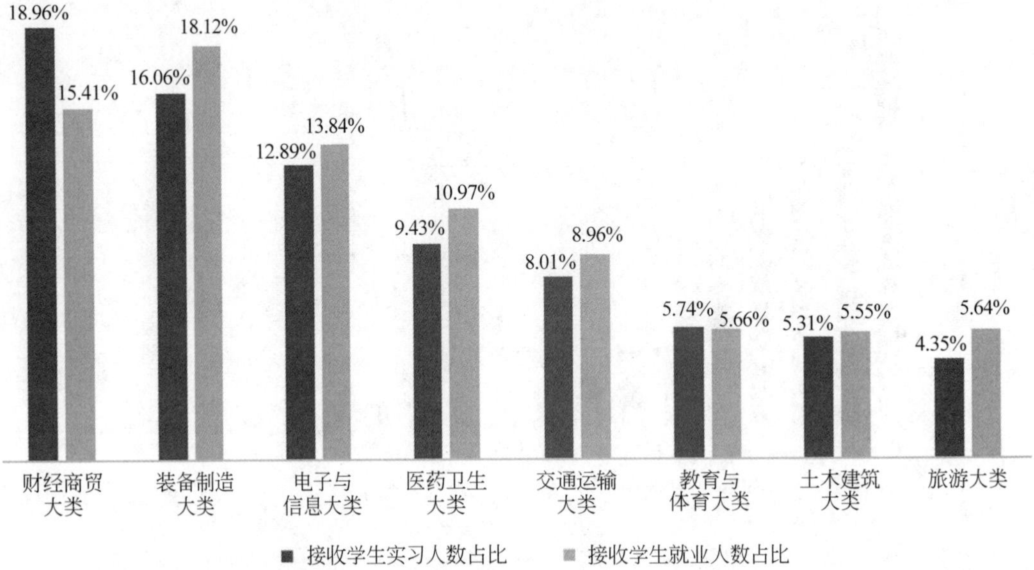

图 4-10　企业接收学生实习和就业数量占比（按专业大类部分统计数据）

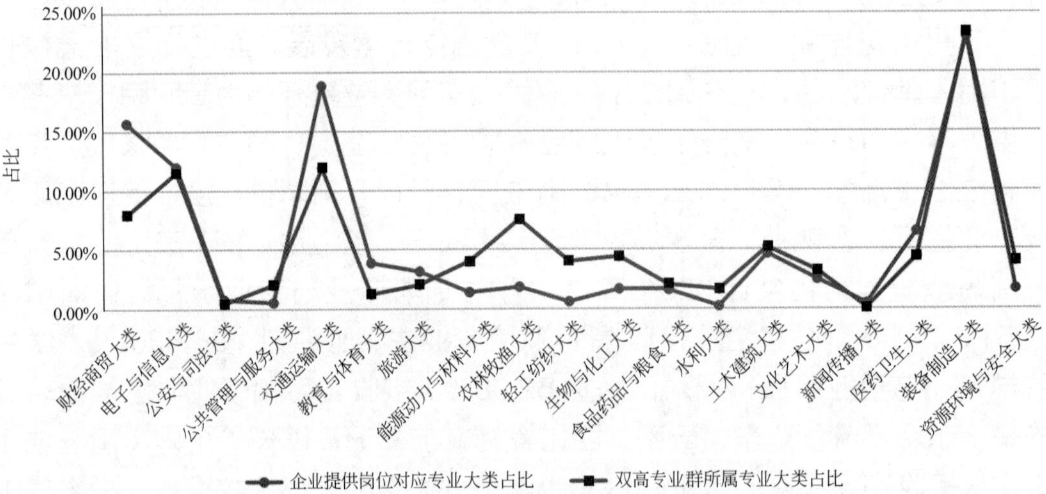

图 4-11　企业提供岗位与“双高”专业群匹配程度（按专业大类）

拓展学生实习就业岗位，推进校企深入可持续发展。指导各地与企业通过洽谈实习就业（54.56%）、人才培养（14.22%）、专业建设（6.84%）、实习实训基地建设（2.92%）、科研与社会服务（2.32%）、产业学院（1.89%）等形式开展合作，为学生挖掘更多优质岗位资源。在走访企业中，双方达成合作意向 83 580 个、签订合作协议 20 422 个，总计占比 77.52%。截至目前，走访企业接收实习学生数突破 61 万人，接收实习学生超过 10 人的企业合计占比达到 57.21%。其中，山东、江苏、广东等省份接收人数相对较多，分别为 6.10 万、5.22 万和 4.84 万人。京东、海康威视、潍柴控股、长安汽车、中铁集团等 1 052 家龙头企业接收实习学生人数均超过 100 人。同时，企业接收学生就业人数超过 35 万人，接收学生就业超过 5 人的企业占比 66.16%。其中，山东、广东、江苏等省份接收人数相对较多，分别为 3.40 万、2.91 万和 2.62 万人。一汽集团、中芯国际、海天塑机、富崴电子等 1 425 家龙头企业接收学生就业人数超过 50 人。在就业形势严峻的背景下，产教融合型企业表现出应有担当，4 569 家产教融合型企业共计接收实习学生 41 400 人，接收就业学生 22 885 人。浙江旅游职业学院将产教融合型企业列入访企拓岗主要联系范围，重点调研毕业生岗位需求情况，优化学校人才培养体系建设，创新产教融合育人模式，总计建设麦扑等 12 个产业学院。

六是促进学生发展，提高学生就业质量。通过走访，高职书记校长能够深入了解用人单位的岗位需求及学生的工作、生活和未来发展情况，及时反馈到学校人才培养全过程，增加学生优质高薪的就业机会，提升学生就业质量。据统计，企业对毕业生需求岗位的平均薪酬主要集聚在 3 000~3 999 元、4 000~4 999 元、5 000 元以上三个区间，分别占 31.52%、25.71% 和 20.08%，如图 4-12 所示。其中，月薪 3 500 元以上占 52.64%，5 000 元以上占 10.24%，7 000 元以上占 1.10%。从走访企业接收学生实习所提供的报酬看，平均月薪为 3 176 元，较为接近正式就业薪资水平。从走访企业接收学生就业的起薪线看，平均月薪为 3 861 元，略高于 2019 届毕业生半年后平均薪酬 3 815 元，略低于 2021 届毕业半年后的平均薪酬 4 428 元，体现了高职毕业生的优质就业水平。

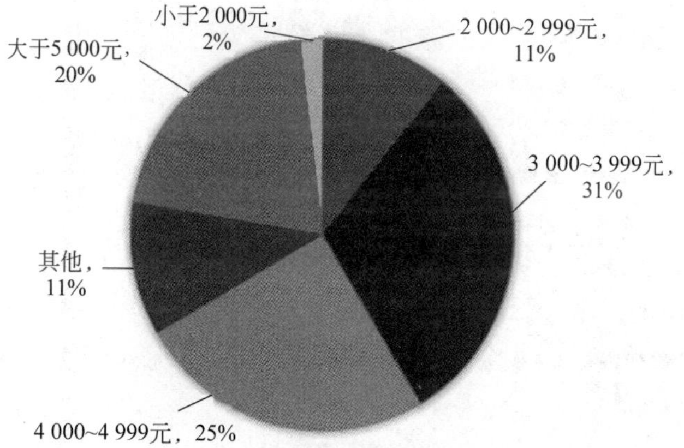

图 4-12　企业接收学生就业岗位的平均薪酬区间分布图

学生实习报酬和就业起薪线呈现出明显的区域特征。华东和华南地区的平均实习报酬 / 就业起薪线相对较高，达 3 412 元 /4 206 元和 3 330 元 / 4 108 元。在三大经济圈中，“长三角”地区达到 3 616 元 /4 587 元，“珠三角”地区达到 3 467 元 /4 304 元，“京津冀”地区为 2 936 元 /3 725 元，均高于其他地区。在省域层面，上海、浙江、江苏等省份平均起薪线相对较高，分别达 5 223 元、4 732 元和 4 453 元；陕西、上海、安徽等省份平均实习报酬相对较高，分别达 3 816 元、3 705 元和 3 622 元，如图 4-13 所示。

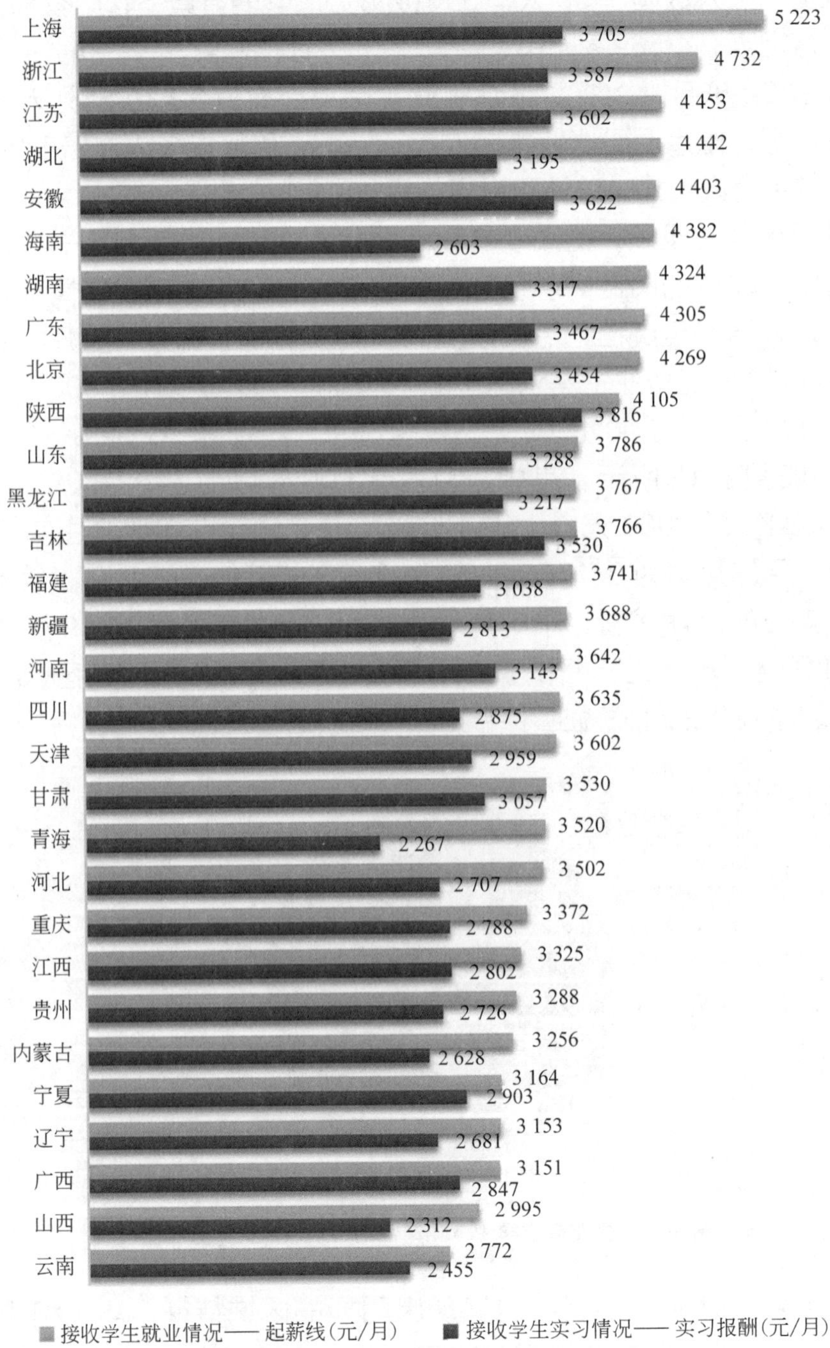

图 4-13 各省学生实习报酬和就业起薪线分布情况

第三节 访企拓岗促就业专项行动的亮点

一、线上线下同步推进，走出访企拓岗创新路径

各地高校克服新冠疫情的影响，凝心聚力，全力以赴做好访企拓岗专项行动。截至 2022 年 6 月 28 日，校均拜访企业已达 46.1 家，书记校长人均拜访企业超过 24.7 家，共有 16 所高职院校拜访企业数量超过 150 家，陕西能源职业技术学院、宁波城市职业技术学院、辽宁城市建设职业技术学院、山东胜利职业学院、上海民远职业技术学院、山东工业职业学院、宿迁职业技术学院等七所高职院校走访企业总量超过 200 家。实地走访比例达到 40.43%，“云宣讲”“云招聘”“直播带岗”等创新形式打通人才对接服务的“最后一公里”。辽宁工程技术大学书记校长走进园区、走进行业、走进企业，通过开展空中宣讲会、邀请企业“来校”招聘等方式，为毕业生挖掘更多岗位资源，建立就业合作渠道，促进毕业生更充分更高质量就业。沈阳化工大学以“大型春季校园网络招聘活动”为抓手，开展“线上走访”和“线上调研”主动走访联系用人单位；以线上宣讲、远程面试、网上签约等形式，为毕业生拓展就业岗位，提高网络招聘活动的成功率，如图 4-14 所示。

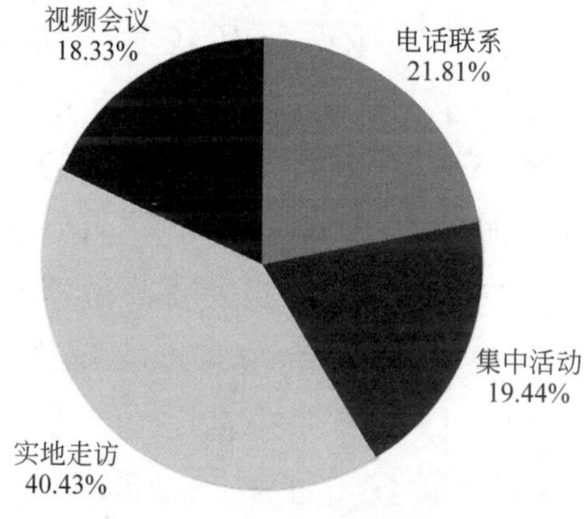

图 4-14 全国拜访方式占比

二、走访企业所需求的专业呈现明显的地域特征

“东三省”走访企业需求专业主要集中在护理专业（3.58%）、机电一体化技术专业（3.40%）、电子商务专业（2.79%）、大数据与会计专业（2.33%）、

机械制造及自动化专业（2.06%），与《东北全面振兴“十四五”实施方案》提出的“着力构建战略性新兴产业和传统制造业并驾齐驱、生产性服务业和生活性服务性相互促进、信息化和工业化深度融合的新格局”相吻合；“长三角”地区走访企业需求专业主要集中在机电一体化技术专业（6.53%）、市场营销专业（4.92%）、电子商务专业（4.76%）、计算机应用技术专业（2.87%）、电气自动化技术专业（2.65%），有效支撑了“长三角”经济区纺织、汽车制造、电子信息、机械装备等产业发展；“粤港澳大湾区”走访企业需求专业主要集中在电子商务专业（4.39%）、学前教育专业（4.15%）、护理专业（3.39%）、机电一体化技术（2.63%）、大数据与会计（2.43%），助力构建“大湾区”以先进制造业为支柱，以战略性新兴产业为先导，以现代服务业为支撑，以海洋经济为优势的现代产业体系。可见，走访企业需求专业与经济区域特征紧密相关，对高职院校提升服务区域经济发展的能力具有重要参考价值。

三、“走出去”与“请进来”相互结合

高职院校也在积极邀请用人单位走进校园招聘人才，发挥“互联网 + 就业”就业信息平台的作用，给学生提供更多的就业信息和就业岗位。截至 2022 年 8 月 25 日，头部企业和人力资源部门共计 16 992 人次走进高职院校，在拓展实习就业机会的同时，拓宽了校企合作领域，实现了校企资源的有机结合和优化配置。比如，广东工贸职业技术学院与广东汇博机器人有限公司开展深度合作，通过将智能制造领域拥有丰富技术工程经验的博士团队“请进来”，采取“项目 + 教师（工程师）+ 学生”的方式精准开展人才培养，共同开发课程，共同完成广东省人工智能大赛，落实学生一次性进入企业就业，月起薪值超 8 000 元，高于同类岗位 40%。“这次教育部实施高职院校书记校长访企拓岗专项行动，既是一个疫情期间寻求企业支持拓展就业渠道的举措，也是宣扬职业教育，让企业了解国家职业教育政策的过程。”湖北省职业技术教育学会会长李洪渠说，产教融合是促进教育链、人才链与产业链、创新链有机衔接的必由之路。政府一直在推进产教融合，学校努力实施校企合作，但是仍然存在很多困难，目前仍然存在产教交流、校企对接的机制不健全的问题，只有小范围甚至是点对点的沟通。激励企业参与的动力机制不健全，激励政策力度不够、宣传不够、落实不够，真正因产教融合而享受各种优惠政策的企业很少，多数企业不了解政策、不知道如何享受政策。

如上所述，在当前就业形势严峻情况下，高职院校书记校长更需要发挥“一把手”的主动性带领团队走进园区、走进行业、走进企业，一方面可以精准掌握行业企业的就业岗位信息，深入了解行业企业对毕业生知识、能力、素质的要求，可以为实习生和毕业生开拓一些岗位，交流就业薪资、实习安全或者岗位相关注意事项，同时还可以通过面对面的交流，让校企双方加深了解，便于今后合作。另一方面，校长书记也可以拓宽访企拓岗途径，加深与企业的沟通和合作。与此同时，还要把优秀企业家请进来，在学校专业设置、人才培养方案制定等方面，加强交流合作，建立“常态化”工作机制，真正实现产教深度融合、校企紧密合作。面对2023届全国普通高校毕业生就业的严峻形势，接下来，高职院校书记校长访企拓岗促就业专项行动有必要继续深入开展，并且由教育部强化督导、考核和结果运用，“找准高校与用人单位合作切入点，实现互惠共赢、共同发展”，以便打通人才对接的“最后一公里”。本章的数据参考表4-1~表4-4。

表4-1 2022年8月全国各省份（区市）及新疆生产建设兵团高职院校拜访企业情况

省（区市）及新疆生产建设兵团	拜访量/次	学校数量/所	牵头拜访人数/人	校均拜访量/（次/校）	人均拜访量/（次/人）
山东省	9 571	82	158	116.7	60.6
江苏省	9 162	90	180	101.8	50.9
广东省	8 936	91	176	98.2	50.8
安徽省	6 604	73	148	90.5	44.6
四川省	6 238	79	154	79	40.5
河北省	5 958	62	122	96.1	48.8
江西省	5 417	58	126	93.4	43
河南省	4 995	82	190	60.9	26.3
云南省	4 841	49	105	98.8	46.1
辽宁省	4 789	43	93	111.4	51.5
贵州省	4 677	45	89	103.9	52.6
湖南省	4 477	65	137	68.9	32.7
福建省	4 465	48	96	93	46.5
山西省	3 834	48	91	79.9	42.1
湖北省	3 698	46	91	80.4	40.6
重庆市	3 630	44	87	82.5	41.7
浙江省	3 543	42	82	84.4	43.2
陕西省	3 478	38	75	91.5	46.4
黑龙江省	3 016	37	71	81.5	42.5
广西壮族自治区	2 798	36	71	77.7	39.4
新疆维吾尔自治区	2 526	31	61	81.5	41.4

续表

省（区市）及新疆生产建设兵团	拜访量 / 次	学校数量 / 所	牵头拜访人数 / 人	校均拜访量 /（次 / 校）	人均拜访量 /（次 / 人）
吉林省	2 415	28	52	86.2	46.4
内蒙古自治区	2 333	34	60	68.6	38.9
上海市	2 027	22	43	92.1	47.1
天津市	1 918	23	46	83.4	41.7
甘肃省	1 863	27	51	69	36.5
北京市	1 767	25	42	70.7	42.1
海南省	1 163	13	23	89.5	50.6
宁夏回族自治区	610	12	23	50.8	26.5
青海省	431	8	17	53.9	25.4
新疆生产建设兵团	381	5	9	76.2	42.3
西藏自治区	33	2	4	16.5	8.2

（截至 2022 年 8 月 25 日）

表 4-2　2022 年 8 月全国高职院校拜访各行业企业情况

所属行业	走访企业数量 / 个	占　比
制造业	19 402	17.00%
信息传输、软件和信息技术服务业	12 798	11.21%
批发和零售业	10 216	8.95%
教育	8 400	7.36%
卫生和社会工作	8 033	7.04%
建筑业	6 727	5.89%
租赁和商务服务业	6 190	5.42%
科学研究和技术服务业	4 893	4.29%
文化、体育和娱乐业	4 284	3.75%
交通运输、仓储和邮政业	3 789	3.32%
住宿和餐饮业	3 614	3.17%
农、林、牧、渔业	2 692	2.36%
居民服务、修理和其他服务业	2 222	1.95%
电力、热力、燃气及水生产和供应业	1 891	1.66%
公共管理、社会保障和社会组织	1 715	1.50%
金融业	1 418	1.24%
房地产业	1 237	1.08%
水利、环境和公共设施管理业	726	0.64%
采矿业	648	0.57%
国际组织	12	0.01%
其他	13 252	11.61%

（截至 2022 年 8 月 25 日）

表 4-3　2022 年 8 月全国各省（区市）企业接收高职院校实习和就业学生数

单位：人

省（区市）	接收学生实习人数	接收学生就业人数
山东	61 439	34 290
江苏	54 047	27 718
云南	53 504	22 264
四川	48 765	27 258
广东	48 608	29 391
河南	38 225	16 649
陕西	35 689	19 916
河北	32 158	14 155
辽宁	29 984	21 191
新疆	27 774	10 628
贵州	27 727	14 870
甘肃	26 161	17 738
湖南	24 053	18 845
福建	22 039	13 402
安徽	19 492	13 643
重庆	16 761	14 793
吉林	15 260	11 958
黑龙江	15 119	8 813
山西	13 511	7 760
浙江	13 069	6 949
上海	12 987	8 587
广西	12 904	7 253
江西	12 538	6 461
湖北	11 047	16 373
北京	9 504	2 915
天津	6 010	3 526
宁夏	4 987	2 612
内蒙古	3 635	1 568
海南	3 359	1 021
青海	1 515	507

（截至 2022 年 8 月 25 日）

表 4-4　2022 年 8 月全国各行业企业接收学生实习就业情况

走访企业所属行业	接收学生实习		接收学生就业	
	人数 / 人	占比	人数 / 人	占比
制造业	137 550	22.39%	80 192	22.51%
信息传输、软件和信息技术服务业	70 717	11.51%	35 111	9.85%

续表

走访企业所属行业	接收学生实习		接收学生就业	
	人数 / 人	占比	人数 / 人	占比
其他	69 170	11.26%	36 774	10.32%
批发和零售业	43 849	7.14%	25 422	7.13%
卫生和社会工作	37 898	6.17%	21 868	6.14%
交通运输、仓储和邮政业	35 801	5.83%	35 992	10.10%
租赁和商务服务业	35 453	5.77%	22 413	6.29%
教育	34 196	5.57%	16 531	4.64%
建筑业	25 516	4.15%	18 398	5.16%
住宿和餐饮业	21 842	3.55%	13 129	3.68%
农、林、牧、渔业	20 261	3.30%	8 902	2.50%
科学研究和技术服务业	16 981	2.76%	9 009	2.53%
文化、体育和娱乐业	14 845	2.42%	8 012	2.25%
居民服务、修理和其他服务业	9 919	1.61%	4 533	1.27%
公共管理、社会保障和社会组织	9 762	1.59%	3 325	0.93%
金融业	7 615	1.24%	4 425	1.24%
电力、热力、燃气及水生产和供应业	7 062	1.15%	3 149	0.88%
房地产业	5 190	0.84%	2 873	0.81%
采矿业	4 514	0.73%	2 608	0.73%
水利、环境和公共设施管理业	3 306	0.54%	1 725	0.48%
科学研究和技术服务业	2 855	0.46%	1 773	0.50%
国际组织	168	0.03%	141	0.04%

（截至 2022 年 8 月 25 日）

第五章　高等职业教育校企合作质量提升的对策建议

党的二十大报告进一步明确了新时代职业教育发展路径，吹响了现代化职业教育高质量发展的集结号，为职业教育蓬勃发展指明了未来发展方向、谋划了未来。产教深度融合背景下，校企合作成为当前推进新型职业教育发展改革、完善教学方法、提高培养标准和教学质量的重要突破口。新常态大背景下，职业教育领域校企合作的有效性是合作各方必须积极思考并亟待解决的问题。校企合作是一个涉及多方面的大工程，拥有来自政府部门、行业企业、职业院校、学生以及社会等诸多方面的复杂因素。上述影响因素都是复杂多元并互为交叠、彼此相互影响的，对职业教育领域及校企合作中的有效性作用范围与方法也有所不同。下面将分别从政府、行业、企业、学校等方面展开研究。

第一节　发挥政府主导作用，创新产教融合工作模式

政府作为统筹全局的领导者，在职业院校开展产教融合、校企合作中要发挥统筹全局的主导功能，健全并严格落实相关政策制度，营造良好的制度环境，对促进产教融合校企合作有着重大的意义。

一、贯彻落实已有政策文件

2013 年教育部《关于深化教育领域综合改革的意见》中明确提出“完善职业教育产教融合制度”；党的十八届三中全会报告明确指出“加快现代职业教育体系建设，深化产教融合、校企合作，培养高素质劳动者和技能型人才”；党的十九大明确强调“完善职业教育和培训体系，深化产教融合、校企

合作”；2017 年，国务院办公厅《关于深化产教融合的若干意见》首次站在教育整体改革与教育内涵发展的角度，提出了全面规划；2019 年，国务院批准的《国家职业教育改革实施方案》中明确提出“建立产教融合型企业认证制度，培育数以万计的产教融合型企业”；同年国家发改委等六部委下发的《国家产教融合建设试点实施方案》明确提出“分批试点建设 50 个左右产教融合型城市，在试点省域内打造一批区域特色鲜明的产教融合型行业”；2020 年教育部等九部门《职业教育提质培优行动计划（2020—2023 年）》中明确提出既要“深化职业教育供给侧结构性改革”，又要“深化校企合作协同育人模式改革”；2021 年在全国职业教育大会上，习近平总书记对职业教育工作做出重要指示，提到“深化产教融合、校企合作，深入推进育人方式、办学模式、管理体制、保障机制改革”；同年的《关于推动现代职业教育高质量发展的意见》中明确提出“完善产教融合办学体制、创新校企合作办学机制”。2022 年《职业教育法》中鼓励企业举办职业教育，同时也规定了对深度参与产教融合、校企合作的企业给予奖励、税费优惠等政策激励。

国家层面的一系列政策文件对推进产教融合提供了重要政策保障，与此同时，各地人民政府也制定了一系列政策，积极探索更富有区域特点的产教融合方式。作为我国职业教育领域校企合作、工学结合机制的策源地，天津市率先探索出以“产教融合、五业联动”为特色的产教融合模式，在职业教育领域的实践中，天津市进一步探索出了“五业联动”（即产业、行业、企业、职业和专业）现代职业教育产教深度融合发展新模式。广东清远职业技术学院于 2012 年率先探索现代学徒制，并后期通过建立健全政策体系与教学质量保障体系；完善了学徒培养过程管理，积极引进第三方，建立健全共同参与、多元评价体制机制等政策措施，完善了我国特色现代学徒制。现代学徒制的实施有效激发了“政行校企研”各方参与人才培养的主观积极性，利用了行企优秀教育资源，提高了职业教育人才培养质量，高品质服务于地方社会经济和转型升级工作，为清远“入珠融湾”和“城乡融合发展”的目标，为着力建设全国现代职业教育改革示范区、国家产教融合发展试验区奠定了坚实基础。

当前国家层面有关校企合作的政策文件已相对丰富，但基于我国幅员辽阔，各地对校企合作的基础、需求差异较大，落实这些原则性规定还需要各地发挥主动性，结合实际需求推进政策创新。各地在推进国家政策落地方面还有较大的提升空间。例如，如何结合地方实际，在落实鼓励企业参与校企合作的扶持优惠政策，健全校企合作开展人才培养、双师型师资队伍建设、科技服务与成果转化的相关政策制度，完善企业高技能人才参与育人、研发等的激励补助政策等方面都需要加强政策创新，以完善促进校企合作的政策体系。

二、健全相关法律制度

（一）健全校企合作规章制度

法律本身具备的规范性、权威性特征使之成为推进校企合作的有力保证。当前，不少发达国家都比较重视产教融合的立法工作，通过制定并实施富有针对性、规范性的政策法规来保证校企合作工作的良好发展。如美国 1994 年颁布《从学校到工作机会法》，在全国范围内推行学校—工作体系，保障校企合作行为活动的合法性；德国构建了以《职业教育法》为基本法，由《青年劳动保护法》《劳动促进法》等法律与《手工业条例》《职业培训条例》等规章以及各州的职业教育法律组成的产教融合的法律法规体系，为产学合作提供了良好的制度环境。政府在推进产教融合的过程中发挥着关键的宏观调控功能，政府亟须进一步健全产教融合的相关法规机制，对学校、行业、企业等利益相关者做出更加清晰明确的责任界定，在立法层面进一步明晰产教融入的主题、内涵、合作方式等具体问题，为高等职业院校出台全面推进产教融入的具体实施方案提供法律依据、司法保证，并加快实施财税用地等优惠政策，进一步加大资金扶持，健全政府投资保障体制。

同时，还必须加强校企合作法律体系的权威性，提高企业主体地位，重视校企合作立法的主动及时性，重视校企合作立法的创造性内容。还应重视《教育法》《职业教育法》等有关产教融合校企合作的法律法规与《中华人民共和国合伙企业法》《中华人民共和国税收征收管理法》等相关法律的配合协调衔接，完善《中华人民共和国劳动法》《高等教育法》等对校企合作所要求的系统性、完整性和体系性，健全《教育法》《中华人民共和国教师法》《职业教育法》对推进校企合作所做规定的合理性，进一步精准完善中国校企合作法律保障体系，为提升我国校企合作标准的有效性奠定了刚性法律依据。具体内容如下。

一是完善法律内容。应当依法突出职业教育的类型与重要地位，并明晰政府部门、行业、企业、职业院校的权责。要明确投入责任、标准及力度；明确企业承担发展职业教育的责任，并设立职业准入机制；加强法律责任规定，理顺管理体制，充分维护职业教育校企合作、产教融合实践主体的法律尊严。

二是明确立法风格。职业学校产教融合校企合作，要“严谨”“细致”“刚性”“量化”“兜底”，尽量避免采用“可以”“应该”“鼓励”等倡导式的表达用词。

三是规范主体行为。要厘清各实施主体之间在职业教育产教融合校企合作中的法律关系。一要明晰政府与行业、企业、职业院校之间的法律关系；二要明晰行业与企业、职业院校之间的法律关联；三要明确企业与职业院校之间的法律关联；四要明确学生与企业间的法律关系；五要清楚学生与学校之间的法律关系等。

四是关注法律衔接。要从细节上厘清校企合作涉及的相关法律及其逻辑关系，积极推动出台实施细则，对各行为主体的法律规范尽量进行量化描述，突出相关法律应有的强制性、适用性、逻辑性和可行性等特征。不断增强职业教育产教融合校企合作法律实施的清晰性、严谨性和通透性。

（二）增加政策制度的实效性

为加速推动职业教育现代化，我国颁布了一系列重要政策文件，主要内容涉及完善我国职业教育制度框架（《国家职业教育改革实施方案》）；大力推动教育理念、体系、教学内容、方法、治理现代化，进一步完善职业教育人才培养质量标准，建立国家教育质量评估监测机制，形成较为合理公平的教育考核评估体系，形成全过程、全方位的人才培养质量反馈监测制度等，同时也需要进一步做好现代化职业高等教育体系的构建研究工作（《中国教育现代化 2035》）等。对于产教一体化校企合作方面，大体应实现机制结构要件齐全、体系层级清晰合理、体系规范合理。

三、创新工作治理模式

职业教育校企合作联动工作机制，是促进各类利益关联方共同参与和深入合作的重要前提。共建共享的发展模式，有助于缓解职业教育产教融合过程中出现的企业主动性不足、“两张皮”问题明显等情况。

（一）创新职业教育产教融合校企合作工作平台

一是形成校企利益共同体。校企利益共同体主要包括政府、行业、企业、职业院校等主体，是目标相同的互为依存、共担责任、共享利益、共同出资（资金、技术、人员、设施、厂房、场所等）建设的第三方实体，是以提供合作信息、开展合作项目、供给优质资源、进行人才培养、科学技术研发、招生就业对接的综合信息平台。

二是建立产教共同体联盟。政府机关在职业教育产教融合中有着多种作用。在机制设置上，应让职业院校真正成为企业人才培养、技术创新发展的重要平台，积极引导企业能够成为职业教育校企合作的重要主体，并积极与职业院校开展深度融合。各级政府部门需要建立相应法规，并利用政府财政资助的方法促进企业基于项目的主动融入，最后建立职业教育产教融合校企合作协同技术创新联盟。在教学操作层面，充分发挥统筹和协同职能，建立了多种形式协同育人组织载体，以促进职教界和行业产业界协同育人经验的相互融通。产业在承担社会责任的同时，结合自身的发展轨迹明确与职业院校之间的互动关系。通过共建校企培训管理中心、合作共同研发等渠道，进一步增加自身适应行业变化的实力。职业院校必须要明确校企合作并不是单纯的融合和叠加，是一种综合创新、制度创新、整体创新，进而进行人才培养模式、科研成果转化的实质性变革，进而促进高职教育高质量蓬勃发展。

（二）构建要素协同联动机制

建立政行企校协同联动机制，能够协调教育和产业一体化发展格局，提高企业的重要主体作用，推进产教融合人才培养模式改革。

一是形成互惠共赢的需求动力机制。该动力机制由外部与内部两个部分构成。外部动力机制主要由立法规定、政策制度、舆论氛围、公众认同、市场需求等因素构成；内部动力机制根据政府部门、行业、企业、职业院校等与职业教育产教融合关系最为紧密、最为直接的利益相关者的共性需求而形成。二者之间的关系是互为依存并相互影响的。前者给后者发展带来动力支撑和导向意义；后者则又反过来推动前者积极发展。在具体措施方面，政府部门应发挥政策规划引导、宏观统筹等特殊作用，带动各有关单位共同完善小企业协调管理机制，从而推动其规范、有效运行。行业企业根据自身对技术人才需求的发展动力，应积极履行职业教育产教融合与校企合作的主体责任，积极完成满足行业企业需求的技术技能型人才培育。而从职业院校方面来看，也应充分运用教师团队力量、技术设备和各种学术研究资源等，帮助中小企业破解市场生态链各个环节所必须攻克的难题，增强中小企业的整体实力。

二是进一步完善政府财政经费投入的激励保障机制。财政拨款一直是对职业院校发展的重要保障，教育部、国家统计局和财政部公布的《关于 2019

年全国教育经费执行情况统计公告》表明:“2019 年，我国教育经费总投入为 50 175 亿元，高职高专支出共 2 402 亿元，约占总支出的 5%；普通高校财政支出达 11 062 亿元，约占总经费的 22%。”由此可见，相比于普通高校教育财政支出，职业教育经费的总投入占比少。《国家职业教育改革实施方案》中明确提出:“职业教育与普通教育是两种不同教育类型，具有同等重要地位。”高职院校和普通高校拥有同样重要的战略地位，政府应减小二者的费用投入差异，健全职业教育多元化经费筹集体制机制，扩大职业教育经费筹集途径，形成中央政府到各地的分级支出体系，同时应当定期公布经费使用状况，健全支出机制。

建立职业教育产教融合与校企合作资金支持机制，让职业教育产教融合与校企合作工作产生持久运行发展的制度保障动力。第一，以政府财政投入为主的资金保障机制，为推动职业教育产教融合工作，各级人民政府应把财政投入制度化，并统筹考虑数量、成本、质量等相关问题。地方政府也应逐步确定经费标准。第二，构建多元化社会投资促进机制。从现实情况来看，教育资本的安全、保值增值给大部分的社会资本流入职业教育创造了机会，而职业院校保值增值的质量优势也是社会资本关注的热点领域。这也为政府部门吸纳了大批的闲置社会资本进入职业教育领域提供了可能。因此，从地方政府与社会资本之间的关系问题上入手，寻找到了利益交集点，有效地把社会投资和职业教育结合的障碍进行了突破，将“推动企业和社会力量举办高质量职业教育”的措施落到了实处。

三是积极构建税收优惠政策激励机制。关于职业教育产教融合校企合作，税收优惠政策方面存在企业准予税收减免条件不尽合理、对税收优惠政策的吸引力不足、政府涉及企业税收优惠政策的法规制度不完善、税收政策对企业办学等不合理的情况，首先，政府应确定对职业院校的税收优惠政策和对社会组织的税收优惠政策；其次，也要合理减少企业享受政策的准入条件，使校企合作做到更加“可行”；然后，要增加税费优惠政策的减免范围和幅度，让校企更加“心动”。

四是建立企业成本分担及补偿机制。形成效益回报机制，调动企业投入办学的积极性。英国经济学家亚当·斯密认为:“每一个人，在他不违反正义的法律时，会听其自己的意志，采用自己的方法，追求自己的利益。”企业作为一种经济组织，其主要目标是谋求生存与发展，实现经济效益最大化。在开展校企合作过程中，相较于职业院校，企业往往需要付出更大的人力投资成本、培训耗材费用等。企业参与校企合作最主要的目标是获得人力资本回报，而教育的投资是一个长期的过程，短时间内企业无法获得人力资本回报，甚至可能面临培养人才向其他企业流失等不可预知的风险。据此，政府相关部门应形成利益补偿机制，采取购买服务、实施结构性减税措施、加大财政扶持等手段，对参与校企合作的先进企业给予资金扶持，解决他们的发展问题；“双高计划”高职院校，要合理分配因校企合作产生的专利、教育、劳务等报酬，要充分发挥科研创新的能力优势，积极参与企业重大创新产品的研究开发，让企业发现并获得利益最大化的可能性，并以此调动企业参与办学的积极性。

在校企合作活动中，由于企业自身的经营逻辑所主导，当企业自身投资未能取得可期望效果后，企业在合作活动中就很容易产生投机行为，从而造成了校企合作活动流于形式。为激发企业参与校企合作的主动性，将建立成本分担和补偿激励机制，促进产教融合的顺利进行。措施主要包括以下几方面。

（1）建立成本分担机制。在校企合作过程中，企业所提供的实习实训平台及其所涉及的设备、资源和误工费用，由政府评定后按比例拨款补助。

（2）建立成本补偿机制。在校企合作过程中，企业因校企合作所造成的不能通过风险分散、对冲及转移等方法处理的风险，由政府经过评估支付风险补偿费用。

（3）政府为服务项目买单。为促进企业加强校企合作投入力度，降低企业成本负担，对适合职业学校的服务项目，政府可采取适当政策后实施收购，以促进产教一体化。

五是健全合作保障机制，以维护利益相关者权益。形成健全的合作保障机制，确保各利益相关者可以在校企联合进程中得到保护，促进各项目和谐进行。澳大利亚职业教育实行职业技术教育学院（Technical And Further Education，TAFE）模式，兼顾政府、企业、学校三方利益，促进和谐共生；加拿大政府专门成立了推荐全国合作教育的机构——加拿大合作教育协会，为校企合作工作在全国范围内长远发展提供保障；德国制定政策进行宏观调控，并建立完善的经费保障体制，以保证“双元制”职业教育模式顺利运行。我国要健全校企合作的法律法规体系，并要贯彻落实，充分发挥政策法规的引导与保障功能；积极建立校企合作信息交流平台，对接企业数据，推动信息资源共享，有效缓解了校企信息不对称的问题；继续扩大职业教育经费来源渠道，健全资金保障机制；要赋予行业组织相应的管理权利，以发挥行业组织在专业化、公平性等领域的优势，以促进产教一体化的可持续发展。

第二节　推动行业健康发展，搭建校企合作桥梁纽带

行业是介于政府、企业之间，并对其咨询、指导、交流、监管、公正、自律、协作的社会中介组织，是联结政府和企业的重要渠道。从国内职业教育领域的发展趋势来看，行业组织在职业教育领域校企合作发展中扮演关键角色。行业组织在人才培养、技术服务、职业教育标准领域的作用，对深化高等职业教育校企合作有着巨大意义。

中国的行业协会产生于从计划经济向社会主义市场经济转轨的特定时代，由于具有“半官半民”的政治色彩，曾起到了统筹协作、监管高效等独特功能，特别是针对地方行业高职院校的校企合作更具有统筹、监管的特殊功能。从行业发展的制度逻辑出发，行业与职业教育校企合作具有历史的必然性，以产业为纽带，与企业之间进行了校企合作、产学合作办学，在行业协会发展势头较好的时代，行业协会作为居于政府部门与企业之间的重要沟通桥梁，承担了政府部门决策咨询服务、保障行业权益的重要责任，是职业教育校企合作的重要指导者和中坚力量，是联系政府部门、企业和院校的重要桥梁与纽带，有效地促进了职业教育校企合作的蓬勃发展。而行业协会管办分离、权责不清的问题却始终存在。一是由于我国法律至今仍然未能确定行业协会在职教校企合作中的地位和重要角色，因此行业协会对职教校企合作的监督机制并没有形成；二是由于企业一直依附政府部门，未能取得独立的经济发展，行业协会在指导职业教育领域校企合作方面的力量也无法满足当前校企合作发展过程中出现的新问题。

在逐步走向国家治理现代化的政府职能变革背景下，为厘清行政与行业协会商会之间的职能界限，进一步理顺市场、行业与政府之间的相互联系，并促进国家建设政社分开、权责明晰、法律自治的现代社会组织机构体系，2015 年 7 月，中共中央办公厅、国务院办公厅印发了《行业协会与行政机关脱钩总体方案》，并有 148 个全国级行业社团商会参与了脱钩试点。这一政策对行业协会的健康成长是一条有力信号，有助于行业协会完全脱离与政府部门间的从属关系，切实回到角色工作本位，进而确保行业协会可以切实在职业教育领域校企合作过程中起到有效作用。随着地方政府部门改革和教育体制变化，由于企校分离、主要职业院校的划转和行政部门的融合，不少原来属于或依托于地方行政部门的行业组织一方面失去了行政部门权力的保

障，对行业的影响与力量也逐渐减弱；但是，随着企校分开，行业组织和职业院校之间的接触逐步缩短，沿着自身的成长道路在全新的环境背景下寻找自己的位置，正是这些行业目前的发展状态。但有些新兴的行业领域，其行业组织尚在发展培育过程中，还无法在职业教育校企合作中起到相应的作用。

对传统行业而言，应当发挥其深厚的历史底蕴优势，进一步明晰其职能，不断创新工作机制，逐步重新塑造其在职业教育发展中的主导地位。对新兴产业来说，可以采用政府导向，积极引导以市场为导向、具备新兴产业行业特色的新产业组织的健康发展，并探索在职业教育校企合作中的运行机制与经营管理模式上的创新和突破。行业企业在目前新时期的主要功能和责任可以概况为：分析调研国家经济建设、科技进步和经济社会发展，分析经济社会发展方式转变和产业结构调整升级，对社会职业岗位变动与需求变化的影响；指导推动专业院校与企业协作，实践校企一体化，组建教育集团等形式；指导推进本行业老师到企业实践，推进学校有关专业学科推行“双证书”制；探讨本行业职业教育专业人才培养目标、课程基本特点与培养素质评估方法，为学科专业配置、教学计划制订、教材开发、课程研究提出意见；参与本行业职业教育基本标准、专业课程要求、实习实训教学设备配备和教学评估标准工作等。行业作为国家实施职业教育的主体之一，已经成为国家实施职业院校人才培养的重要组成部分，而这些职能和使命都反映了职业教育的根本要求，也符合了社会需求侧的发展需要。

一、充分发挥行业资源对接的桥梁功能

产教融合发展，一方面旨在产教联合“构建教育和产业统筹融合、良性互动的蓬勃发展格局”，另一方面旨在学校企业携手探讨校企“双主体”教育模式。通过校企之间的有效制度保障，共同构建了校企发展命运共同体。从产业角度分析，“中国的产业价值链已经迈向中高端，教育必须随之转型”。2015 年，国务院印发《中国制造 2025》，配套的“1+X”文件体系，着重强调了需要在基础保障方面扎实推进——“中国制造要提质升级，最重要的是依靠‘人’”。面对新一轮科技革命和产业变革，行业应担当建设制造强国使命的技术技能人才。按照“需求导向，价值服务”的产教协调发展规律，组织开展行业人才需求预测和系列产教对话活动，促进产与教、校与企“相识相知”，夯实产教融合、校企合作基础，牵头实施“服务《中国制造 2025》人才培养创新行动计划、服务《中国制造 2025》重点观测专业建设”等特

色项目，着力打造一批具有鲜明制造业特色的国家高水平职业院校、骨干专业和产教协同创新基地，加快推进各项规划任务落地。通过公布的人才需求趋势分析报告、重点观测专业目录、评价专业建设情况等，调动企业在人才培养过程中的主体作用，打造校企合作育人的信息平台；将企业的核心技术标准和职业素养要求统一纳入专业标准，引领职业院校专业建设更加精细、高效对接行业需求，持续提升人才培养品质；在重点产业骨干企业中设立了职业院校教育改革实践基地，积极促进各院校对接企业需要，渗透企业的先进文化与发展理念，努力建设具备企业专业管理能力的教师队伍。

二、提升教育内涵服务人的终身发展

产教融合校企合作越往纵深发展，越呈现出一个鲜明特点，服务教育的内涵逐步提升，以服务人的终身发展为目的。行业可以举办技能大赛，服务职业教育，促进产教融合，行业企业深度参与，使大赛响应国家需求，注重与产教融合的特色越发突出。以赛促教、以赛促学、以赛促改、以赛促建。

行业企业的深度参与，在促进行业发展和专业技术技能型人才培养上相得益彰。通过比赛，学校能够精准抓住行业产业对人才培养的要求，促进相应领域专业人才的培养培训，支撑相应行业的健康发展，从而达到产教共赢。以赛事为依托，多家知名企业积极与学校合作，并将技术标准、企业文化导入比赛中，进行专业教学改革，进行大赛成果转化，有力促进职业教育教学改革发展。

行业企业的深度参与，将有助于进一步规范职业教育的办赛规范以及相应教学仪器设施配置规范。例如，中职汽车运用与维修技能竞赛，因大赛引领，在设备提供、师资培训、共建实训基地、教材编写等多方面进行协调，避免了为赛而赛的传统参与方式。本次赛事所采用的教学仪器设备规范，作为教育部颁布相关标准的重要依据，赛事的流程与工艺操作规范，则作为交通部进行制订国家标准和行业标准的主要依据，对赛事场地和合作商的施工条件等也制定了相关规范。这些规范标准的建立与推行，对中国汽修职业教育的教学标准发展做出了重要贡献，使该行业产教融合有了新的切入点。在2018 年全国高职组电子产品芯片级检测维修与数据恢复大赛中，把握了中国电子信息产业高速发展的时机，需要大批电子专业技术人才，通过大赛，与促进职业教育改革和电子产业实现经营的发展相衔接，设备在实现工艺领先、能力全面的同时，也反映了产业发展，为我国普通高职院校的专业发展与教育改革提供了较好的素材，有着重要的指导意义。通过大赛，我们看到在新时代，技能青年重责任、有担当、练本领的新风尚。国赛与世赛，给他们提供了更为广阔的成长空间，也促使了大赛成绩的有效提升。通过交流，推动青年人职业技能水准的提升，在全球范围内推广知识对经济社会发展的力量，引导青年人投身技能事业。大赛促进了产教融合校企合作，确定了行业贡献教育的终极方向，使服务教育内涵升级，服务人的终身发展。

综上所述，职业教育产教融合校企合作，需要双方主体相向而行。当前，我国产教融合校企合作已具备了较好的政策环境和社会氛围，出现了大批积极担当作为的行业企业。下一步，要深入履行好企业职责，进一步推进体制机制改革，进一步释放政策增长红利。建立了多方合作的新机制，以解决各主管部门之间、体系要素之间在认识上的不均衡，并促进双方形成合力。正视教育行业自身功能发展不完善的深刻原因，努力填平上层理念和基层实践之间的错位关系，让习近平总书记所提倡的“四合”理念真正变成政府领导下职业教育改革创新发展的行动指南。

第三节　强化企业责任担当，构筑校企合作坚实保障

企业作为推进产教融合、校企合作的重要参与者，特别是行业龙头企业在推进产教融合的进程中，主动担当积极作为。面对目前中小企业的办学积极性不高、校企合作时效不强的现状，思想观念上的突破与培养专业的战略眼光是增强校企合作实效性的基础。

一、增加主体思想站位意识

校企合作是职业教育中提升办学质量的一项普遍规律和重要原则。目前，不管职业院校或是企业对校企合作都十分重视，特别是在高技能型人才日趋紧缺的现实背景下，只有学校积极推进的校企合作困境越来越少。不过，根据调研得知，职业院校与企业之间对校企合作关系的理解仍然并不深入。目前，不少职业院校对校企合作的战略意义理解还不够充分，主要体现为在院校方面未设立专门机构进行管理，并且仍然认为校企合作仅局限于合作育人

方面，视其为人才培养的一个组成部分，对学生实习实训、教师挂职锻炼等企业实践活动比较关注，而对于协同成长、合作办学等还未能进入角色，因此对校企合作的战略深意体会还不充分。以至于觉得校企合作是被迫而为之，只强调在与各类企业互动中下功夫，而并未充分考虑到校企合作在职业院校建设中的重要战略地位和意义，主动性、积极性和创造力仍显不足。另外，企业对职业教育的认识仍然滞后于产业转型升级的需求，并未切实认识到企业自身也是职业教育的办学主体之一，是技术技能型人才的需求主体。许多企业都只有等到生产旺季需要生产工人时，才想起了职业院校，想到职业院校的学生。

二、切实树立战略长远眼光

随着中国当前经济社会的发展和就业格局的改变，在职业教育领域校企合作被赋予了全新的意义和特点，应当以全新的视野和战略眼光来审视和看待校企合作。校企合作中的企业一定要树立起战略眼光，才能够形成深层次的校企合作关系，以达到长期持久的合作共赢。校企合作是一个老话题，也是中国职业教育发展过程中的新问题。随着我国社会经济发展和就业形势的变化，职业教育校企合作被赋予了新的内涵和要求，必须用新的思维和战略眼光来研究和对待校企合作。校企合作中的双方都要建立战略眼光，将目光瞄准未来，才能够形成更深层次的校企合作机制，从而达到长期持久的共赢。一个企业要想在竞争激烈的今天有一个光明的发展前景，就应该有目标有方向。而企业的未来发展目标的实现最终有赖于企业所具备的人才资源。人才资源永远是企业的最关键的资源，是企业在竞争中的制胜法宝，是企业发展壮大的第一要素。企业要想在激烈竞争中生存发展壮大，一定要有一支高素质高技能的人才队伍。当前不乏部分校企合作的企业在为职业院校学生安排实习实训时，将他们安排在一般岗而非技术技能岗，将他们视为“勤杂工”，导致学生对职业教育校企合作形成某种误解，更为重要的是企业无法发现人才、吸引人才和储备人才。这种校企合作无法形成较好的效益，就更深层分析而言，是企业没有用长期发展的战略眼光来促进校企合作的发展。一个拥有前瞻性战略眼光的企业可以真正地去对待校企合作，在校企合作的案例中，具有战略眼光的公司往往都乐于与职业院校合作。提高企业管理者的战略眼光，摒弃只顾眼前利益的挂念，而着眼长远，校企合作的积极性一定会得到提升。

三、建立健全风险防范机制

校企合作的开展要规避校企双方在协作中各方必须投入的巨大成本和代价风险。单从学生赴企业实习实训来说，院校方面当然也要有一定的支持，但基本是教育教学自身的工作，也包含对学生实习实训中承担风险。企业层面的投入和责任更大，且多数情况下并非出于企业本身的生产任务而需要投入和承担的。比如实习指导与管理人员配备，实训材料的损耗与设施消耗，实习生的日常活动设施等。可能产生的问题和风险，主要是企业员工和设备设施的安全问题，与合作伙伴之间的矛盾纠纷等情况，以及工位占用和变动危害企业生产秩序等情况，还可能涉及泄露企业生产工艺技术和商业秘密，以及暴露企业短板、影响企业声誉等问题。所以学校对企业合作的投资与承担必须要充分顾及，包括对具体企业的具体问题也要把握到位，才能有坚实的谈判合作的基础。正因为校企合作并非企业的必然职责，在落实校企合作的过程中，校方尽自己的条件谈合作内容，以满足实习需要为基本，其他合作意图只能是在条件具备时尽力争取，同时尽可能利用自身优势向企业提供协助和供给，并对企业承担技术成本和风险担当。

四、健全监督评价机制

建立健全校企合作监督评价机制，能够保障各项建设工作按照国家所鼓励的方式开展，促进企业建设提质增效。

（一）健全监督管理机制，推动校企深度合作

2018 年教育部等六部门印发《职业学校校企合作促进办法》，强调校企合作监督检查的重要性，明确指出“各级人民政府教育行政部门会同相关部门以及行业组织，加强对企业开展校企合作的监督、指导”。加强监督管理，可以为职业院校间发展校企合作保驾护航，为推进产教融合提供制度保障。政府及有关部门应建立实习企业的资质标准，设立实习企业的准入、问责、年检与退出等机制，对成绩较突出的企业设立专项奖励，以增强其对参与职业教育办学的社会责任感与自豪感，并对其实行相应的税收减免；行业组织要对校企合作经费使用、人才培养、合作项目、实习实训等方面建立详尽的管理条例，并定期开展绩效评估，以提供针对性较强、具备可操作性的完善

意见，同时主动与政府有关部门、职业院校沟通交流，并提供质量管理指导和咨询服务，以监督校企双方履行职责和义务。

（二）完善产教融合信息公开系统

各级政府、教育行政部门要充分发挥监督管理职责，严格按照国家产教融合工作年报规定，认真做好国家产教融合建设工作以及人才培养工作的信息公开，让社会各利益相关方以及群众都可以准确地掌握企业建设情况以及进度情况。由国务院领导设立全国产教融合企业征信信息查询平台，通过动态收集全国各地在产教融合企业建设过程中的征信情况，形成全国产教融合企业信用目录，以强化企业内部监督，并有效纠正企业在建设发展过程中的不良行为。

（三）构建多元监督体系

在社会监督的主体构成上，应当主动接受地方政府、教育行政部门、行业主管部门、企业员工、职业院校师生、媒体等主体的监督。地方政府将建立区域性的产教融合型企业建设监管平台，并鼓励各级教育监管主体反馈监督建议。在监督机制建立上，地方政府可规划建立集内部监督、社会监管、第三方机构专门监管于一身的地方性产教融合企业监督机制，定期公开发布监管结果报告，并对监督过程中出现的问题及时作出通报，并提出具体整改措施、进度和时间表。

五、发挥产教融合型企业建设的引领示范作用

推动产教融合型企业建设工程是落实国家职业教育改革的重大实践，对于促进我国职业教育创新发展、区域产业转型升级等，有着重要的意义。2019 年《国家职业教育改革实施方案》提出要培育数以万计的产教融合型企业。《建设产教融合型企业实施办法（试行）》对全面建设产教融合型企业的条件要求、程序以及管理措施做出了详细的部署。当前产教融合型企业建设工作正处在全面深入推进阶段，并呈现了较好的发展趋势。

（一）产教融合型企业建设的价值趋向

一是突出职业教育的社会价值。职业教育是与市场经济关联最为密切的

高等教育形式，有着直接促进国民经济发展与社会进步的重大作用。通过打造产教融合型企业，在职业教育领域内可以进一步拓宽产教融合的方式和渠道，进一步凸显出职业教育领域的社会作用。一方面，促进职业教育的外部性提升。建设产教融合型企业，通过国家政策的支持，可以提升职业教育办学的物质基础，通过改善职业教育教学条件，促进职业院校学生就业水平与学生整体素养的改善，通过提高人才培养质量，显著提高我国职业教育的整体水平，让行业企业、社会享受到发展更高质量职业教育所带来的经济价值和社会效益，这就是产教融合型企业的社会价值的具体表现。另一方面，促进职业教育更好地服务国家战略和国计民生。我国建设产教融合型企业，并非在全行业产业领域“漫天撒网”，而是突出重点、有的放矢。《建设产教融合型企业实施办法》中明确提出，重点建设培育的产教融合型企业有三种：① 主动推进制造业转型升级的优质企业；② 现代农业、智能制造、高端装备、新一代信息技术等新兴产业领域企业；③ 养老、家政、托幼、健康等社会领域龙头企业。上述企业，涉及国家重大发展战略和国计民生的关键领域，充分证明产教融合型企业建设承担了与职业教育共同服务于国家战略发展和国计民生的重要任务，也确定了这些企业“做什么，怎么做”的总方向。

二是充分考虑市场经济主体的营利属性。产教融合型企业尽管被赋予了更大的社会使命，也承担了辅助职业教育发展的社会职责。但归根结底，产教融合型企业性质依旧是企业，其市场经济主体的性质和定位并未发生变化。建设产教融合型企业，须将经营能力和盈利能力建设放在突出位置，让其具有出色的创收能力，才能保证产教融合型企业的可持续发展。一方面，企业要合理利用国家各项政策红利，以奠定经营基石。为了引导广大企业积极申报认定产教融合型企业，《建设产教融合型企业实施办法》中制定了多项利好政策，如对于进入产教融合型企业认证目录的企业，给予“金融＋财政＋土地＋信用”的组合式激励政策，尽量减轻产教融合型企业的经营压力，使其能够与一般企业进行公平的市场竞争等。因此，产教融合型企业要充分合理运用国家释放的各项政策“红利”，以保持好企业的市场竞争力。另一方面，要发挥参与举办职业教育的优势资源，提高企业的市场竞争力。产教融合型企业举办或参与举办职业教育，并不是只有付出而没有收益，借助校企合作而建立的人力资源优势和品牌建设优势，能够间接地提升企业的利润创收水平。企业深度参与职业教育人才培养全过程，实现了企业岗位标准与人才培养标准的精准对接，极大地提高了人才的对口率和适用性，有助于企业降低人才选拔、录用和培训成本，间接降低了企业的经营成本。另外，产教融合型企业积极履行了更多的社会责任，所培养的人才进入行业内的各大企业，可以增加企业自身的行业影响力、社会影响力和美誉度，为企业的品牌建设提供更优越的条件。所以，产教融合型企业的建设发展，应高度重视、努力发挥企业参与举办职业教育的优势，强化企业的创收能力。

三是成为实用型技术技能人才培养的“主阵地”。以往职业教育领域校企合作，职业院校往往起了主导作用，但企业参与技术技能人才培养的内生动力还不够，积极性也不高，企业参与的广度和深度受限，很容易导致校企合作流于表面化和形式化。国家针对以往校企合作中存在的问题，为进一步发挥企业的重要办学主体作用，积极推进产教融合型企业建设。根据产教融合型企业的定位，企业成为名副其实的办学主体，直接主导了整个校企合作的发展方向。企业更清楚自身在校企合作中所肩负的责任与义务，生产和经营模式更加清晰，更有动力和意愿深度参与职业院校的人才培养方案制定、课程体系构建、师资力量配置、实训项目开发等一系列教学活动。《建设产教融合型企业实施办法》也明确，鼓励支持企业多种方式参与举办教育，推动学生到企业实习实训制度化、规范化，发挥企业办学的重要主体作用。由此可见，打造产教融合型企业，也就是要发挥企业作为产教融合模式和制度创新的“主战场”作用，使企业成为实用型技术技能人才培养的“主阵地”，这才是产教融合型企业建设发展的目标方向。

四是树立具有社会责任感的企业典范。《建设产教融合型企业实施办法》还要求厚植企业积极履行职业教育使命的良好社会环境，促进职业院校与行业企业之间建立命运共同体。也明确指出，应优先考虑履行社会责任贡献突出的企业。可以说，企业承担更多的社会责任，不仅是国家、社会的共同期待，同时也是对产教融合型企业的基本要求。对于广大企业而言，通过举办产教融合型企业，也是其培养履行社会教育职责的企业典范的重要途径。一方面，企业要主动投身职业教育事业建设发展，并积极参与职业教育改革。与一般企业相较而言，产教融合型企业是与职业教育深度融合的企业，是与职业院校形成命运共同体的企业。产教融合型企业承担社会责任，表现为积极参与职业教育，积极响应国家教育政策的号召，贯彻落实国家一系列产教融合政策的精神，主动与学校共享职业教育资源，参与技术技能人才培养的全过程，保障职业院校实践教学、实习实训工作的顺利进行。还表现为主动参与职业教育改革，与职业院校共同探索股份制改革、混合所有制改革等，激发职业教育办学活力；协助推动职业教育人才培养模式改革，深化“三教”改革，积极参与现代学徒制、“1+X”制度试点工作等，充分发挥企业的重要办学主体作用，为办出高水平的职业教育助力。另一方面，要面向社会开展职业培训服务，办好人民满意的职业教育。

（二）产教融合型企业建设的路径

完善认证机制，是把控产教融合型企业资格认证的入口确认关，保证了入选企业的资格全部符合要求，形成科学健全的产教融合型企业认证制度体系，并成为申报企业条件和标准的试金石。所以要尽快健全企业认定制度，从根源上把控好对企业资格认定的入门关。一是推进产教融合型企业相关的认证制度和管理体系建设。二是推进产教融合型企业认证评价标准体系的建立。《建设产教融合型企业实施办法》中明确提出，产教融合型企业的认证标准建设工作由教育部、国家发展改革委牵头组织实施。建立产教融合型企业认证标准体系，需要国家相关部门发挥指导和统筹作用，牵头组织职业教育界专家学者、职业院校管理者、产业界资深人士共同组建认证标准建设委员会，尽快研究制定出台《产教融合型企业认证标准》。在认证标准体系的建设实践层面，应按照对接行业发展动态，满足企业发展需求的原则，建立量化和可视化的企业认证标准。为此，一方面，产教融合型企业认证标准建设委员会可利用大数据分析等信息技术手段，分析预测行业、产业的发展动态，调研采集各行各业中各类企业的发展需求，细化和完善产教融合型企业认证标准；另一方面，在产教融合型企业资格认定的硬性标准上，将采取量化和可视化指标，以使得企业认证流程更加科学合理。

建立企业利益的协同机制，并探寻产教融合型企业建设主体的“最大公约数”。产教融合型企业作为一个由多元主体之间共建共享的市场经济组织，企业利益协调是企业建设发展过程中必然会涉及的一项工作。在当前我国产教融合型企业的政策体系有待完善的前提下，建立产教融合型企业发展的激励机制，从制度保障和利益平衡两个方面着手。一是加强制度规范建设，增强职业院校社会服务能力，保障企业合法经济权益。由于缺乏完善的法律规范性约束，各级地方政府在执行国家针对产教融合型企业的相关优惠政策上，力度不一，部分地区成效大打折扣。为了保障产教融合型企业的合法经济收益，应从加强制度规范建设入手。二是完善激励机制建设，增强企业社会责任意识，保障职业院校的发展权益。在校企共建产教融合型企业过程中，职业院校利益诉求实现难，主要是因为产教融合型企业通过认证之后，是否会尽心竭力履责难以衡量，且具有不确定性。因此，要保障职业院校的发展权益，就应当从激发企业内生动力的角度着手。

不断创新产教融合、校企合作管理体制机制，积极推动校企“双元”育人。一是充分发挥国家政策主导作用，建立校企合作的长效机制。职业教育校企合作是涉及不同类型主体之间的社会性合作，地方政府作为社会公共事务的管理主体，应强化统筹规划、政策引导和组织协调职能，帮助职业院校和企业建立良好的合作关系，维护校企合作秩序。二是进一步发挥校企的主体作用，促进校企共同发展。职业教育校企合作深度不足、层次偏低，根本原因在于学校和企业之间没有建立起互惠共赢机制，对此，校企双方在合作过程中，都要切实增强主体意识和责任感，完善沟通交流机制，通过平等对话、真诚沟通、协商解决校企合作实践中存在的“三低”问题。此外，学校和企业应秉持优势互补、互利共赢的原则订立合作协议。

第四节　深化校企深度合作，切实提高人才培养质量

职业院校是完善职业教育产教融合、校企合作、知行合一、工学结合共同育人机制的关键基础。要实现产教深度融合，就必须统筹“产教融合、校企合作”发展格局，只有把企业纳入职业教育人才培养过程，强化企业的教育主体地位，才能推动校企双方深度合作，也才能不断优化校企合作人才培养模式。职业教育政策在加强校企合作过程中起着重要的引导和调节作用，为克服职业教育人才培养偏离行业需求、偏离岗位要求的现象，更需要重视人才培养的企业实践性，并在校企合作过程中，逐步融入企业实际的人才培养需要，需求转变能够促进校企合作培养模式优化，从而促进了校企合作向纵深推进。院校还需在明确自身办学定位的基础上开展校企合作，注重院校、行业组织、企业等多元主体的加入，在专业建设、课程编制、教学改革、师资建设、实训基地建设、产业学院等方面提高行业企业参与度，以形成更为开放包容的育人体系。

一、加强专业建设，促进人才供给与产业需求对接

职业院校要根据新兴产业和支柱产业，结合自身办学水平与专业特色开

展细致分析，实施“适销对路”的学科专业设置，构建高水平特色专业，充分发挥“集聚效应”推动专业供给与产业需求的动态平衡。按照行业发展趋势对专业人才需求做出合理预测，对接新职业，设置新兴专业，打造特色示范专业，对专业建设机制进行动态调整，从而服务产业新业态与新模式，以专业为纽带，架构起人才供给侧与产业需求侧之间的桥梁，提升职业教育人才培养质量，促进职业教育人才供给结构与劳动力需求结构相匹配。

二、重视企业主体地位，创新课程教学模式

企业是职业院校办学的重要利益相关者。《本科层次职业教育专业设置管理办法（试行）》明确指出“培养方案应校企共同制订”“应与相关领域产教融合型企业等优质企业建立稳定合作关系，积极探索现代学徒制等培养模式”，强调了企业在职业教育人才培养过程中的重要主体地位。在课程开发过程中，应引导企业等多元主体参与，校企联合制订人才培养计划，共同开发课程内容，共同编写教材，保证学生学习并掌握劳动力岗位所需求的技术知识；利用企业拥有的场地等实践性资源为学生提供真实的工作场景，强化实践性教学，实现“做中学、学中做”，并适时将新科技、新工艺不断融合教学课程，以提升学生实际操作技能水平。企业与学校合作本质上是对人力资源的供需关系，企业参与项目研究、课程开发、教材编写、实习实训等人才培养过程，职业院校能够更加了解企业用人需求，从而更有效地培养符合企业需要的高素质技术技能人才。

三、打造“双师型”教师教学创新团队，提升人才培养质量

美国“2030 教师解决方案”小组在《教学 2030》中指出，未来教育的教师结构不应是以职称高低分层的“梯子”，而应是以教学特长为区的“格子”，由教师企业家（教改设计师、知识经纪人）、学校教师、业界专家、学习指导者等组成的教学团队，各司其职，发挥特长。《本科层次职业教育专业设置管理办法（试行）》明确指出：“本专业的专任教师中，‘双师型’教师占比不低于 50%。来自行业企业一线的兼职教师占一定比例并有实质性专业教学任务。”针对这一规定，职业院校要严控教师入口质量，制定符合院校特色的“双师型”教师认定标准，积极引进教学名师、企业领军人才、能工巧匠

等高层次人才，完善师资队伍的结构，打造一支理论深厚、技艺精湛、品德高尚、专兼结合的“双师型”教师教学创新团队；同时要完善教师职前职后培训体系，积极开展教师定期轮训工作，采用“校内培训 + 校外锻炼”的方式促进教师专业成长；完善兼职教师管理体系，健全“双师型”教师激励与考核制度，采用动态评价的方式促使教师不断提高自身专业知识水平与教学能力。

四、建设校内生产性实习实训基地，搭建职业教育校企合作创新平台

积极鼓励职业院校根据自身优势和特点，通过多元投资、提供土地、厂房等途径和方法，探索学校和企业共同建设既能满足学校现有实践实训教学需要又能满足企业生产需要的教学生产基地的模式和机制，降低校企合作对企业所带来的管理成本和风险，解决职业院校教育资源不足的困境，寻求校企双赢新模式，搭建校企合作创新平台。

五、支持校企合作共建产业学院，强化企业参与职业教育人才培养

积极落实教育部等部门出台的《现代产业学院建设指南》，以“强化学生职业胜任力和持续发展能力”为人才培养目标，以匹配产业发展对人才的需求，持续优化职业教育人才培养模式为校企合作共建产业学院的根本目的。产教融合政策导向就是推动校企深入合作，也是支持校企合作共建产业学院的政策保障。同理，校企合作共建产业学院，需要强化企业参与职业教育人才培养过程，实现教学过程与生产过程有效衔接，通过深化校企在专业设置、课程标准和教学过程的合作，使人才培养与人才需求相对接，形成一个完整的“产教融合、校企合作”逻辑链。因此，支持校企合作共建产业学院，强化企业参与职业教育人才培养，有利于不断优化校企合作人才培养模式。

产教融合、校企合作是职业教育优化类型特色、激发自身动力，促进优质教育高质量发展的重要基础。我国在职业教育中，遵循了产教融合发展、校企合作、工学结合、知行合一的教育办学发展模式，走出了一条具有中国特色的职业教育发展道路，努力实现了由政府举办为主向政府统筹监管、社

会多元办学的教育事业整体办学格局转变，由注重规模扩张向高质量发展转变，由按照普通教育办学模式向企业社会参与、专业特色鲜明的类型教育转变。坚持产教融合、校企合作，促进校企良性互动、校企优势互补的发展格局，切实增强职业教育适应性，做到“专业设置与产业需求衔接、课程内容与职业标准衔接、教学过程与生产过程衔接、毕业证书与职业资格证书衔接、职业教育与终身学习衔接”的模式，通过打造产教命运共同体，助推现代职业教育高质量发展。

附录　访企拓岗促就业案例

序　号	实 例 名 称	实例二维码
1	黑龙江省教育厅“组团式”走进本土优秀企业	
2	辽宁轨道交通职业学院：政府搭“云招聘”台，校企唱“直播带岗”戏	
3	浙江金融职业技术学院：访企拓岗再行动，百日冲刺促就业	
4	无锡职业技术学院：访企拓岗“一‘职’为你”直播带岗	
5	深圳职业技术学院：促进ICT人才良性循环，搭建企业与毕业生之间的就业桥梁	
6	浪潮“大咖”走进河北工业职业技术大学	
7	南京工业职业技术大学：访企拓岗“秒响应”促技能人才“优就业”	
8	哈尔滨职业技术学院：访企拓岗促就业，打通学生就业“最后一公里”	

续表

序　号	实 例 名 称	实例二维码
9	广西建设职业技术学院：政行校企齐发力，精准对接促就业	
10	广东职业技术学院：访企拓岗双驱联动，校企协同精准育人	
11	广西生态工程职业技术学院：访企拓岗促就业，合力共创三个“好”	
12	河北轨道运输职业技术学院：访企拓岗稳促就业，“山石”为盟筑梦边疆	
13	江苏信息职业技术学院：构建“四合”工作新格局，助推毕业生高质量就业	
14	黎明职业大学：访企拓岗促就业，协同育人谋发展	
15	泉州职业技术大学：凝心聚力促就业，访企拓岗有成效	
16	武汉职业技术学院：精准对接优质企业，推动访企拓岗提质创优显成效	
17	新疆应用职业技术学校：访企拓岗进企业，校企合作促发展	

续表

序　号	实 例 名 称	实例二维码
18	重庆电力高等专科学校：用好三大“抓手”，打好“三张牌”，助推就业育人系统化、精准化、持续化	
19	哈尔滨铁道职业技术学院：发挥企业办学优势，开展访企拓岗显成效	
20	浙江安防职业技术学院：“五路并进”促就业“访企拓岗”谋发展	
21	北京电子科技职业技术学院：走出去＋迎进来，线下＋线上双线在行动	
22	常州工程职业技术学院：云访实行大拓岗，做好就业大文章	
23	常州信息职业技术学院：访企拓岗促就业，多措并举在行动	
24	诏安职业技术学校：访企拓岗促就业，产教融合谋发展	
25	贵州交通职业技术学院：引企入校广探讨，访企拓岗广交流	
26	海南经贸职业技术学院：千方百计开拓岗位，全面助力充分就业	

续表

序　号	实 例 名 称	实例二维码
27	杭州职业技术学院：访企拓岗促就业，产教融合育匠才	
28	河南机电职业学院：访企拓岗促就业，校企合作谋发展	
29	滨州职业学院：访企拓岗促就业，书记校长来代言	
30	湖南铁道职业技术学院：访企拓岗促就业，校企融合共发展	
31	黄河水利职业技术学院：党建引领聚合力，访企拓岗出实效	
32	江苏海事职业技术学院：访企拓岗开新局，凝心聚力谋发展	
33	江苏经贸职业技术学院：建立日常联系互访机制，为毕业生就业搭建良好平台	
34	江苏农林职业技术学院：举办“书记校长访企拓岗促就业”活动	
35	江苏食品药品职业技术学院：搭平台校企合作齐发力，春耕夏耘促就业	

续表

序　号	实 例 名 称	实例二维码
36	金华职业技术学院：传递“金”名片，搭好“鹊”桥路	
37	山东交通职业学院：拓展新思路，挖掘新渠道	
38	兰州资源环境职业技术大学：校领导“云走访”“请进来”招人才	
39	临沂职业学院：深化访企拓岗，护航学子就业	
40	南京信息职业技术学院：“职”向未来，就“在南信”	
41	宁波职业技术学院：访企拓岗护航学生就业，校企对话促进校企融合	
42	宁夏职业技术学院：建立常态化交流合作、促进毕业生更充分更高质量就业	
43	山东科技职业学院：坚持实地走访为主“走出去”和“请进来”相结合	
44	山东商业职业技术学院：访企拓岗促就业，校企融合谋发展	

续表

序　号	实 例 名 称	实例二维码
45	山东食品药品职业学院：“三业联动”“四环衔接”访企拓岗，走深走实	
46	陕西能源职业技术学院：高站位高质量推进访企拓岗工作	
47	顺德职业技术学院：校长书记齐上阵，访企拓岗促就业行动	
48	四川职业技术学院：“三访一联两突出”跑出访企拓岗新高度	
49	天津渤海职业技术学院：优化机制建设，对接市场需求	
50	无锡工艺职业技术学院：访企拓岗促就业，供需对接提质效	
51	武汉船舶职业技术学院：大力开源拓岗，拓宽就业空间	
52	扬州工业职业技术学院：开源拓岗，铺设就业“高速路”	
53	长沙民政职业技术学院：访企拓岗促就业，长沙民政在行动	

续表

序　号	实 例 名 称	实例二维码
54	浙江机电职业技术学院：五措并举，访企拓岗有五度	
55	重庆工业职业技术学院：访企拓岗促就业，互利共赢谋发展	
56	用友新道科技：访企拓岗在行动，新道公司广作为	

参 考 文 献

[1] Alkhafaji F. Abbass. A stateholder approach to corporate governance：in a dynamic environment[M]. New York：Quorum Books，1989.

[2] Yoon J. The evolution of South Korea’s innovation system: moving towards the triple helix model[J]. Scientometrics. 2015, 104(1): 265–293.

[3] 边境 . 浅析人才培养工作状态数据采集平台在高职院校研究中的作用 [J]. 当代教育实践与教学研究，2019（3）：21-22.

[4] 陈浩，高宏 . 我国就业压力之谜 [J]. 中国金融，2020（15）：73–74.

[5] 陈惠鑫 . 校企合作，助力大学生就业创业 [J]. 人力资源，2022（6）：88–89.

[6] 陈庆春 . 关于缓解新冠肺炎疫情下就业压力的思考 [J]. 就业与保障，2021（9）：48–49.

[7] 陈志杰，徐兰，李玉春 . 产教融合型企业建设的价值趋向、现实问题及路向选择 [J]. 教育与职业，2021（23）：12–19.

[8] 程俊，李明磊 . 本科生教育 IPO 质量评价模型构建及实证分析 [J]. 沈阳大学学报（社会科学版），2020，22（1）：74–80.

[9] 崔瑛 . 谈高职院校校企合作模式对学生就业的影响 [J]. 辽宁师专学报（社会科学版），2021（6）：110–112.

[10] 翟希东 . 基于三螺旋理论的职业教育本科产教融合人才培养模式研究 [J]. 职业教育研究，2021（12）：17–23.

[11] 杜斐 .“校企合作”视域下高职院校旅游管理大学生就业能力提升研究 [J]. 湖北开放职业学院学报，2021，34（17）：39–40，43.

[12] 樊一搏 . 校企合作质量保障体系研究 [D]. 天津：天津大学，2018.

[13] 范一媚 . 高职院校校企合作对学生就业的影响探析 [J]. 职业，2020（34）：35–37.

[14] 高鹏 . 试论校企合作带动大学生就业能力问题 [J]. 就业与保障，2022（2）：91–93.

[15] 高勇 . 基于校企合作的高校大学生就业机制构建研究 [J]. 就业与保障，2021（18）：84–85.

[16] 葛晓波 . 职业院校校企命运共同体构建的时代意蕴、现实困境与路径选择 [J]. 中国高教研究，2021（5）：98–102.

[17] 韩莎莎，李婷 . 校企合作模式下提升高校学生就业能力的路径研究 [J]. 中外企业文化，2022（7）：229-231.

[18] 胡景乾 . 中国“新大学”运动的回顾、评价与展望 [J]. 教育评论，2013（4）：15–17.

[19] 胡希 . 我国职业教育产教融合政策分析 [D]. 长沙：湖南师范大学，2021.

[20] 黄显鸽 . 高职院校校企合作及其对学生就业影响研究 [D]. 咸阳：西北农林科技大学，2019.

[21] 黄翔 . 基于三螺旋理论的校地合作问题及对策研究 [D]. 杭州：浙江工商大学，2022.

[22] 姜大源 . 职业教育要义 [M]. 北京：北京师范大学出版社，2017.

[23] 李耿 . 高职院校校企合作模式及其提升学生就业质量路径 [J]. 商业文化，2022（6）：130–132.

[24] 李梦卿，陈竹萍 ."双高计划"高职院校产教融合的实施维度与推进策略 [J]. 现代教育管理，2022(1)：109–118.

[25] 李名梁 . 利益相关者视域下职业教育吸引力提升对策研究 [J]. 教育与职业，2012（6）：5–8.

[26] 李淑媛 . 多渠道纾缓大学生就业压力 [J]. 人力资源，2022（10）：108–110.

[27] 廉永生 . 数字经济发展、就业结构优化与高质量就业 [J]. 商业经济，2022（6）：136–138.

[28] 刘锐 . 校企合作在高职院校就业工作中的价值及具体策略 [J]. 山西青年，2022（5）：168–170.

[29] 吕红艳 . IPO 框架下翻译硕士研究生教育质量评价研究 [J]. 外语界，2019（2）：42–49，81.

[30] 潘建华 . 职业教育校企合作有效性研究 [M]. 北京：科学出版社，2021.

[31] 任付成 . 校企合作视角下高职学生就业能力提升措施 [J]. 商讯，2020（27）：187–188.

[32] 邵洁琼 . 校企合作模式下的大学生就业创业实践创新 [J]. 老字号品牌营销，2021（13）：77–79.

[33] 斯蒂芬·P. 罗宾斯，玛丽·库尔特 . 管理学 [M]. 刘刚，程熙镕，梁晗，译 . 北京：中国人民大学出版社，2009：118.

[34] 宋亚峰，潘海生 . 深化产教融合校企合作推进职业教育高质量发展研讨会会议综述 [J]. 中国职业教育，2021（34）：92–96.

[35] 宋耀辉，杨锦绣 . 产教融合背景下职业教育优化校企合作人才培养模式探讨 [J]. 职业技术，2021（3）7–13.

[36] 孙丽娜，杨振野 . 高等职业院校人才培养工作状态数据平台的应用实践 [J]. 辽宁农业职业技术学院学报，2021，23（4）：49–51.

[37] 檀钊 . 职业教育利益相关者研究与分析 [J]. 河北广播电视大学学报，2013（18）：86–88.

[38] 涂淼 . 数字经济发展对中国就业结构的影响研究 [J]. 技术经济与管理研究，2022（8）：15–20.

[39] 王继平 . 中国教育改革大系・职业教育卷 [M]. 武汉：湖北教育出版社，2016：34.

[40] 王明明，刘晓红 . 基于企业需求的大学生就业创业能力培养策略探析 [J]. 创新创业理论研究与实践，2022，5（8）：82–84，124.

[41] 王身余 . 从"影响""参与"到"共同治理"——利益相关者理论发展的历史跨越及其启示 [J]. 湘潭大学学报，2008，32（6）：28–35.

[42] 魏小琳 . 对"订单培养"教育模式的理性思考 [J]. 教育与经济，2008（4）：29，45–47.

[43] 席冬梅：新时代产教融合校企合作下的行业贡献 [J]. 中国职业技术教育，2018（16）：32–40.

[44] 夏建国 . 校企联合培养人才的创新探索 [J]. 中国高校科技与产业化，2010（12）：10–12.

[45] 修南，刘青 . 三螺旋体系的他国实践经验及中国借鉴路径 [J]. 当代职业教育，2020（1）: 87–95.

[46] 徐杰，王敬: 产教融合下职业教育校企合作质量有效性及其提升措施 [J]. 成人教育，2020（5）: 69–73.

[47] 闫晓勇 . 平衡发展与奖惩：基于 IPO 模型的开放式高校教师绩效考核体系 [J]. 高教论坛，2020（12）: 82–84.

[48] 叶继强 . 高等职业教育校企合作保障机制研究 [J]. 教育与职业，2015（10）: 30–32.

[49] 叶鉴铭，梁宁森 . 高职“校企一体化”动力机制研究 [J]. 职教论坛，2009（13）: 16–22，26.

[50] 余祖光 . 职业教育校企合作的机制研究 [J]. 中国职业技术教育，2009（4）: 5–11.

[51] 张蓝予 . 基于校企合作教育的高职生就业创业工作机制构建 [J]. 文化创新比较研究，2020，4（28）: 46–48.

[52] 张蕾 . 基于校企合作机制大学生就业工作新探索 [J]. 发明与创新（职业教育），2019（1）: 110.

[53] 赵蒙成 . 校企合作质量评价指标体系的构建 [J]. 职教通讯，2016（4）: 24–38.

[54] 周春彦. 大学—产业—政府三螺旋创新模式——亨利・埃茨科维兹《三螺旋》评介 [J]. 自然辩证法研究，2006（4）: 75–77.

[55] 周凤华 . 中等职业教育事业发展四十年: 在反复中前行 [J]. 中国职业技术教育，2018（7）: 47–54.

[56] 周红利，吴升刚 . 高职院校产业学院的演化综述 [J]. 中国职业技术教育，2021（18）: 65–69，74.

[57] 周玉萍 . 浅析人才培养工作状态数据采集平台在高职院校研究中的作用 [J]. 科教导刊（中旬刊），2016（2）: 12–13.

[58] 朱卫波，付智勇，郭娜 . 浅析人才培养工作状态数据采集与管理平台在高职院校管理中的作用探究实践 [J]. 电子元器件与信息技术，2021，5（11）: 194–195.

[59] 宗诚 . 职业教育质量年度报告: 回眸、反思与展望 [J]. 中国职业技术教育，2021（35）: 5–10.